역사 탐험대, 일제의 흔적을 찾아라!

글 정명섭

노란돼지

● 작가의 말

저는 걷는 것을 좋아합니다. 정확하게는 걸으면서 만나는 것에 대한 호기심이 많은 편이죠. 그래서 많이 걸었습니다. 부평을 걸었고, 대전을 걸었고, 서촌과 용산을 걸었습니다. 그곳에는 우리의 아픈 근대사의 흔적들이 고스란히 남아 있기 때문입니다. 처음에는 잘 안 보였습니다. 흔하게 볼 수 있는 낡은 건물이나 길이었으니까요. 하지만 계속 걷다 보니 조금씩 보였습니다. 다 쓰러져 가는 낡은 집은 강제로 끌려온 징용자들의 눈물과 한이 서린 공간이었고, 아스팔트 도로 아래에는 농민들이 힘들게 경작한 쌀을 수탈하던 철로의 흔적이 남아 있었습니다. 서촌의 골목길에서조차 과거의 아픈 흔적들이 남아 있었습니다. 책이나 사진으로 봤을 때에는 실감나지 않았지만 현장에 가서 남은 흔적을 보면 현재와의 거리가 얼마나 가까운지를 알게 됩니다. 아울러, 우리의 근대사가 아픔으로 가득하다는 것은 현재를 보면 알 수 있습니다. 남북 분단과 오랜 독재, 가해자 일본이 오히려 모르쇠로 일관하는 과거사 문제까지 현재는 과거와 집요하게 얽혀 있기 때문이죠. 이런 얽힌 매듭

같은 현재를 이해하기 위해서는 반드시 과거를 제대로 돌아봐야 합니다. 그렇지 못하면 미래로 나아갈 수 없기 때문이에요. 제가 걸으면서 느낀 것은 길 위에는 또 다른 스승이 있다는 것입니다. 우리는 미래를 예측할 때 먼저 과거를 돌아봅니다. 과거의 행적을 통해 현재를 분석하고 그것으로 미래를 짐작하는 것이죠. 국가와 민족 역시 마찬가지입니다. 어떤 미래를 가질 수 있느냐는 과거에 무엇을 했고, 그것을 토대로 어떻게 현재를 이어가는지를 보는 것이죠. 그래서 저는 과거를 끊임없이 살펴봐야 한다고 이야기합니다. 우리의 미래가 바로 그곳에 있으니까요.

정명섭

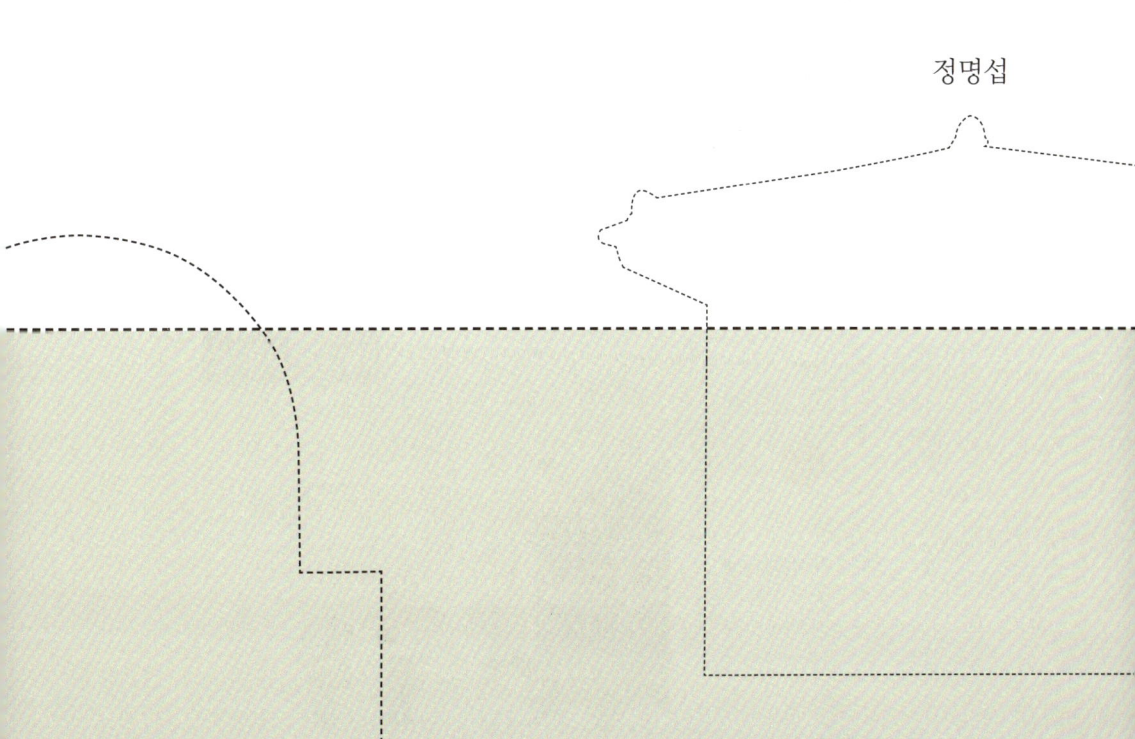

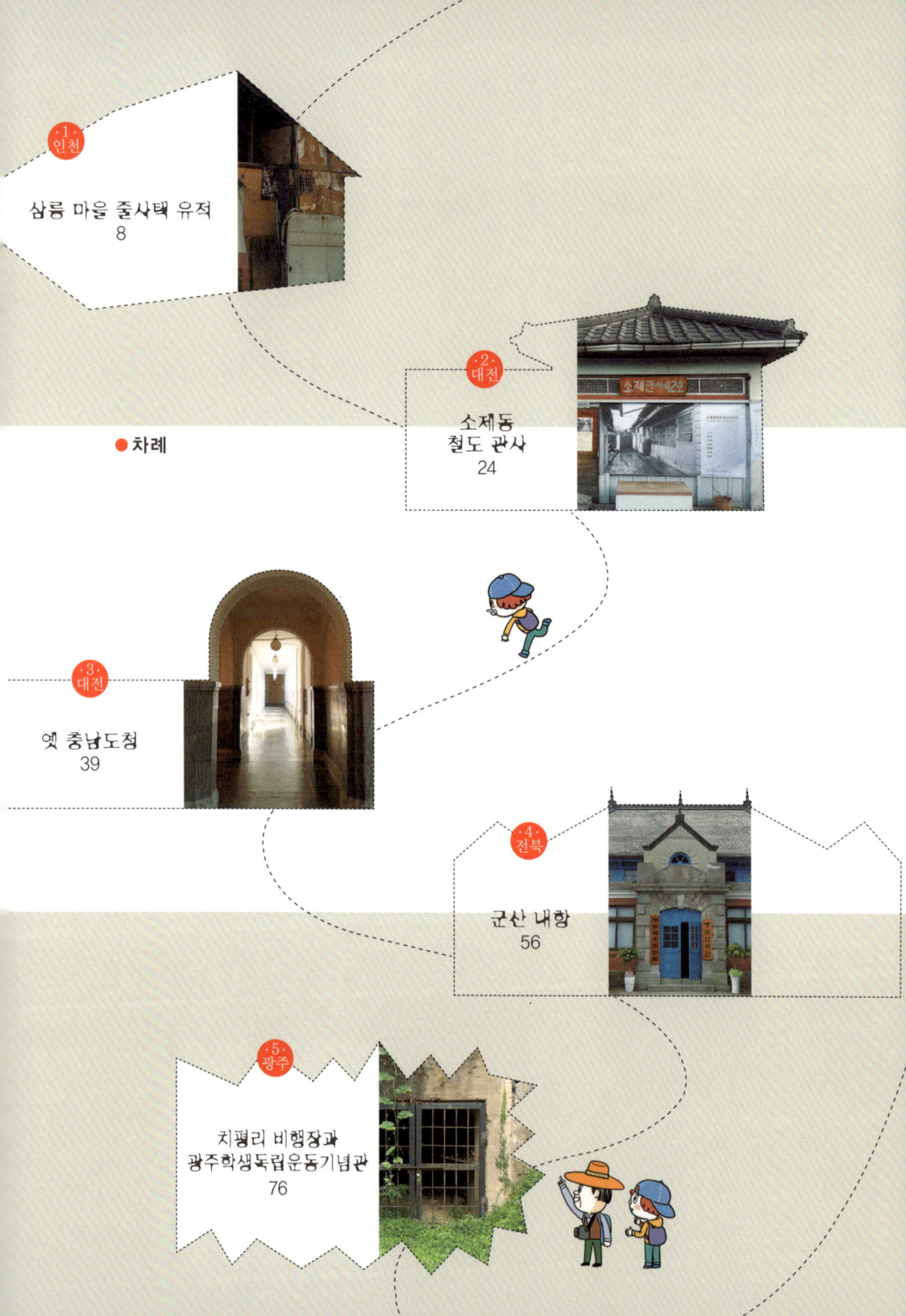

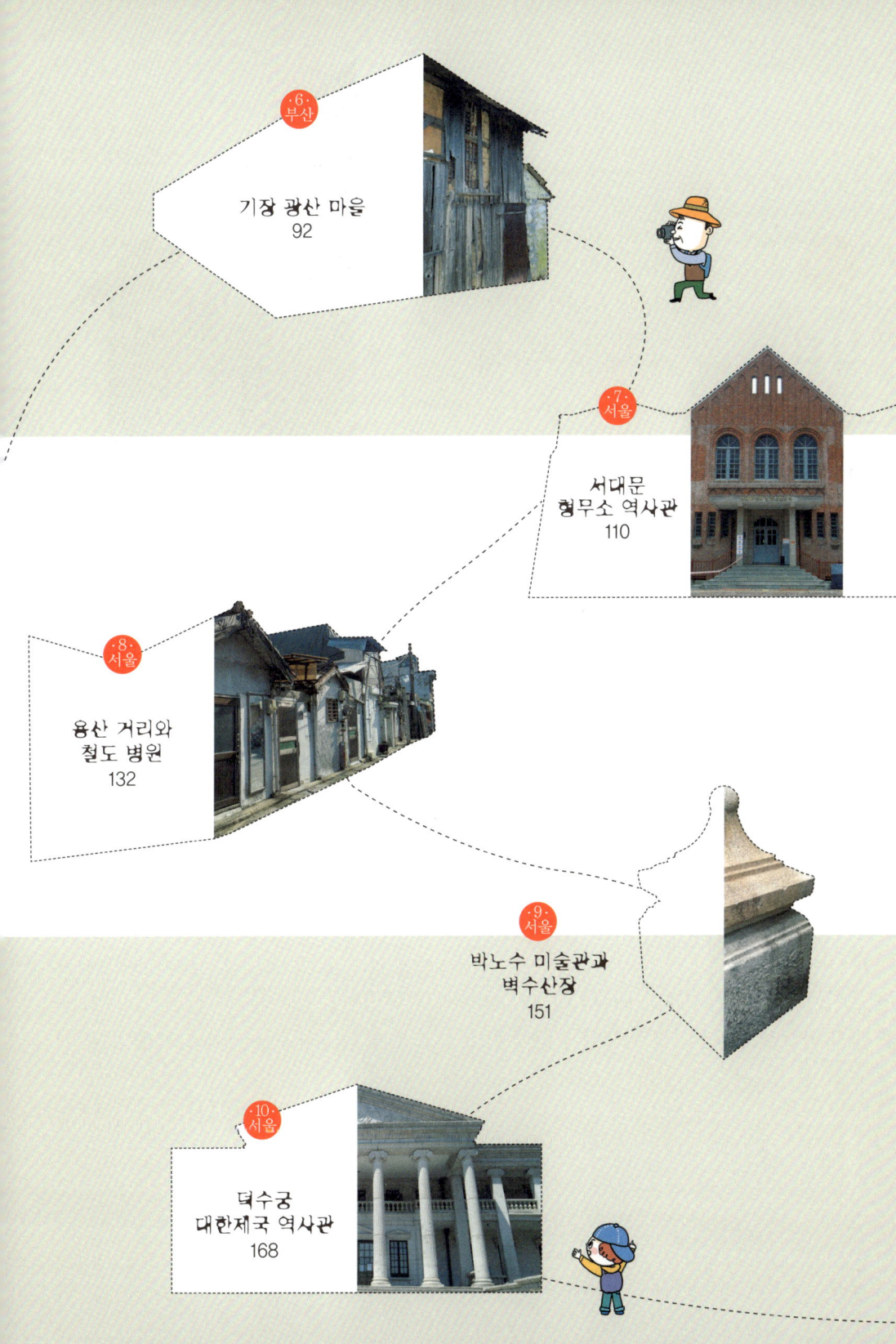

1. 인천

삼릉 마을 줄사택 유적

"역사를 찾아다닌다고요?"

햇살이 따스한 오후, 동찬이는 툴툴거리면서 길을 걸었다.
"PC방 가서 애들이랑 게임 해야 하는데……. 아빠 왜 갑자기 역사 타령이실까?"
지금이라도 도망가고 싶었지만 그렇게 되면 당장 아빠의 불호령과 함께 용돈이 끊길 게 뻔했다. 서울에서 1호선 지하철을 타고 산 넘고 물 건너 부평까지 왔는데, 거기서 다시 인천 지하철로 갈아타 동수역에서 내렸다. 약속 장소 쪽으로 걷다 보니까 주변 풍경이 묘하게 달라지는 게 느껴졌다.
"뭐야? 완전 시골이잖아."
두리번거리던 동찬이는 삼릉약국 앞에 서 있는 노인을 발견하고는 피식 웃고 말았다.
"헐. 인디아나 존스도 아니고."

챙이 넓은 모자에 갈색 조끼 차림의 노인은 목에 낡은 카메라를 걸고 있었다. 동찬이를 발견한 노인이 먼저 손을 번쩍 들며 인사했다.

"동찬이 맞지?"

"네. 안녕하세요."

동찬이 어물쩍 인사를 하자 노인이 씩 웃었다.

"어릴 때 보고 거의 10년 만이구나. 내 이름은 노인호란다."

"교수님이시라면서요?"

"그건 옛날 얘기지. 지금은 탐험가다."

"탐험가요? 뭘 탐험하는데요?"

호기심이 일었는지 동찬이의 눈빛이 잠깐 반짝였다.

"역사를 찾아다니지. 당분간은 일제 강점기의 흔적을 찾아다닐 예정이다."

"네."

살짝 김이 샌 동찬이를 뒤로 하고 자칭 탐험가인 노인호 교수가 앞장서 걸었다. 동찬이는 얼른 걸음을 재촉해 그 뒤를 따랐다. 한참 걷던 노인호 교수가 물었다.

"너, 1910년에 우리나라에 무슨 일이 있었는지 아니?"

"에이, 그 정도야 알죠. 일본이 우리나라를 식민지로 만든 해잖아요."

"잘 아는구나. 그럼 식민지가 무슨 뜻인지도 아니?"

"예?"

한 번도 생각해 보지 못한 물음에 동찬이는 입을 다물었다. 노인호 교수가 껄껄 웃으며 대답했다.

"바로 심을 식(植)자에 백성 민(民), 그리고 땅 지(地)자를 쓴단다. 그러니까 '사람을 땅에 심는다'는 뜻이지."

"사람이 쌀도 아니고 왜 땅에다 심어요?"
어리둥절해진 동찬이가 물었다.
"지금 생각하면 말도 안 되는 일이지만 당시에는 힘 있는 나라가 약한 나라를 식민지로 삼는 걸 당연하게 여겼단다. 그걸 '제국주의'*라고 부르지. 일본이 우리나라를 식민지로 만들면서 남긴 흔적들이 지금도 많이 남아 있다는 건 알고 있니?"
"세상에. 광복이 된 지가 70년이 넘었는데 아직도 일본의 흔적이 남아 있다고요?"
동찬이 믿기지 않는다는 표정으로 묻자 노인호 교수가 고개를 끄덕거렸다.
"일단 저기를 한번 보렴."
무심코 고개를 들어서 노인호 교수가 가리킨 곳을 바라본 동찬이는 입을 다물지 못했다. 다 쓰려져 가는 낡은 집들이 눈에 확 들어왔기 때문이다. 몇몇 집들은 아예 사람이 살지 못할 정도로 허물어져 있었다.

부평 삼릉 마을의 사택. 오래되어 허물어지기 직전이다.

삼릉 마을이란 이름은 식민지와 관련이 있단다.

"여긴 뭐하던 곳이에요?"

동찬의 물음에 노인호 교수가 짧게 대답했다.

"삼릉 마을."

"삼릉이요? 세 개의 무덤이란 뜻인가? 근처에 무덤이 있어요?"

동찬이의 말에 노인호 교수가 옅은 웃음을 지었다.

"삼릉은 세 개의 무덤이라는 뜻이 아니라 바로 미쓰비시를 가리키는 말이야."

"미쓰비시라면 일본 회사잖아요. 남의 나라 회사 이름이 왜 여기 마을 이름이랑 같은 거죠?"

"맞아. 미쓰비시는 전범 기업*이야. 마을 이름은 앞서 말한 식민지와 관련이 깊단다. 마을을 둘러보면서 얘기하자꾸나."

동찬이는 노인호 교수를 따라 삼릉 마을로 들어섰다. 사실 마을이라고 하기에는 조

금 작았다. 기다란 집이 몇 채 있고, 중간에 운동 기구가 있는 작은 공원이 전부였기 때문이다. 가뜩이나 지형 자체가 움푹 들어가 있어 다른 곳보다 낮아 보였다. 게다가 주변에 높다란 다세대 주택과 빌라들이 있으니 더 초라해 보였다. 동찬이의 마음을 눈치챘는지 노인호 교수가 잔잔한 목소리로 말했다.

"턱없이 낮아 보이지? 그래서 나는 이곳을 '낮아서 슬픈 곳'이라고 부른단다."

"여긴 왜 이렇게 된 거예요? 집들도 다 쓰러져 가고 이상하게 생겼어요."

"네가 보기에도 그렇지?"

"네. 집이 앞뒤로 길쭉하잖아요. 거기다 벽은 시멘트랑 블록이 제각각이고요. 지붕도 다 낡아서 천막을 씌운 곳도 보여요. 밤에 왔으면 귀신 나올 것 같아서 얼씬도 못 했을 거 같아요."

"오래된 건 사실이란다. 1930년대에서 40년대에 지어진 집들이거든."

"그런데 집들이 왜 이렇게 길어요?"

동찬이의 질문에 노인호 교수가 대답했다.

"사택으로 쓰였으니까."

"사택이 뭔데요?"

"공장의 노동자들이 머무는 숙소를 말해. 마을을 둘러보면서 조금 더 자세히 설명해 주마."

노인호 교수를 따라 삼릉 마을을 돌아본 동찬이의 눈은 점점 커졌다. 인터넷이나 책에서는 볼 수 없는 신기한 공간이기도 했지만 교수님 말대로 왠지 모를 슬픔이 느껴졌기 때문이다.

골목길에서 어슬렁거리던 고양이가 두 사람을 보고는 살그머니 사라졌다. 조용히 둘러보던 노인호 교수가 입을 열었다.

길쭉하게 지어져서
'줄사택'이라고 불려.

위_ 일반 주택과는 달리 길쭉한 형태로 지어진 것을 알 수 있다.
뒤편의 고층 빌라와 낡은 줄사택이 묘한 대조를 이룬다.

아래_ 줄사택을 옆에서 바라본 모습. 오랜 세월이 지나면서 수리를 하고 지붕을 새로 씌운 것을 알 수 있다.

"애초에 일본은 조선을 식민지로 삼고 나서 지독하다 싶을 만큼 산업을 발전시키지 않았단다."

"왜요?"

"조선을 단순히 자기네 나라의 상품을 파는 시장으로만 생각했기 때문이지. 그러니까 조선에는 공장도 짓지 않고 학교도 세우지 않았단다. 그러다가 1919년 3·1운동이 일어나면서 상황이 조금 바뀌었어. 조선인이 회사를 세우는 걸 허용하고 학교도 조금 지어 주었어. 하지만 여전히 조선은 차별받고 뒤떨어지게 되었지."

"그럼 조선 사람들은 뭘 하면서 먹고 산 거예요?"

"주로 농사를 짓거나 단순노동을 했단다. 그러다가 1930년대 후반에 들어서면서 상황이 변했어."

"변했다고요?"

줄사택은 군수 공장에 다니는 노동자들이 살던 집이란다.

"제2차 세계대전 중에 미국과 일본이 싸운 건 알고 있지?"

"그럼요. 일본이 진주만의 미 해군을 기습해서 태평양 전쟁*이 시작되었잖아요."

"사실 전쟁은 그 이전부터 벌어졌단다. 1931년에 일본이 만주를 빼앗기 위해 만주사변*을 일으켰고, 1937년에는 아예 중국 전체를 차지하기 위해 전쟁을 벌였지. 미국과 싸운 건 그 전쟁의 연장선 위에 있었어. 그걸 중일 전쟁이라고 부른단다."

"그게 무슨 상관이었는데요?"

"동아시아 지도를 떠올려 봐라. 일본에서 중국으로 가려면 한반도를 거쳐야 한단다. 그러니까 한반도에 공장을 세우는 게 시간과 비용을 절약할 수 있는 방법이지."

"그래서 공장들이 들어선 건가요?"

"주로 전쟁에 필요한 물자를 생산하는 군수 공장*들이 들어선 거지. 그리고 여기 부평에 아주 큰 무기 공장인 조병창을 세운단다."

미쓰비시 줄사택은 1938년 일제가 군수 공장을 세울 때 지은 노동자 합숙소이다. 처음에는 히로나카 상공이 세웠고, 이후 미쓰비시가 인수하였다. (부평역사박물관 제공)

"다른 곳이 아닌 부평에 세운 이유는 뭐예요?"

"일단 땅이 넓은 데다가 물자가 들어오는 인천항이 근처에 있었기 때문이지. 거기다 서울인 경성과도 가까웠고 말이야. 조병창이 들어서면서 전쟁 물자를 생산하는 공장들이 차례차례 들어왔단다."

"그게 미쓰비시였군요."

동찬이가 알은체를 하자 노인호 교수가 고개를 저었다.

"처음에는 히로나카 상공이라는 회사가 들어왔단다. 이들이 공장을 세우면서 노동자들이 머물 사택도 함께 세운 거야."

동찬이는 금이 간 집의 벽을 바라보면서 물었다.

"그 사택이 바로 이곳이군요?"

"이곳뿐만 아니라 부평 곳곳에 세웠지."

"그런데 공장을 짓는데 왜 사택까지 함께 지은 거예요? 집에서 출퇴근하면 되잖아요."

"지금이랑 달리 교통이 불편해서 출퇴근이 어려웠거든. 멀리 사는 사람들도 많았고. 그래서 노동자들이 머물 수 있는 사택까지 함께 지은 거지. 여기뿐만 아니라 이 시기에 세워진 공장들은 대부분 그랬단다. 그러다가 1942년에 미쓰비시에 인수되면서 사택들도 함께 소유권이 넘어갔지."

"그래서 미쓰비시 마을이 된 거군요."

"맞아. 미쓰비시를 한자로 쓰면 삼릉이 되거든."

"이제 알겠네요. 왜 일본 기업 이름이 우리나라 마을 이름이 되었는지."

고개를 끄덕거리던 동찬이는 새삼스러운 눈길로 마을을 바라봤다. 길게 지어진 집들은 지붕부터 벽까지 모두 낡을 대로 낡아 있었다. 어떤 집은 벽에 크게 금이 가서 당장이라도 넘어질 것 같았고, 지붕이 무너져서 기와가 바닥에 흩어져 있는 집도 있었

"주변의 높은 건물과 비교해 봐. 낮아서 슬프지 않니?"

삼릉 마을의 전경.
(부평역사박물관 제공, 홍승훈 촬영)

1950년대 삼릉 마을 줄사택 풍경.

해방 이후 줄사택에 살던 우리나라 사람들의 모습이야.

역사를 고스란히 담고 있네요.

1950년대 삼릉 마을 줄사택 풍경.
(사진 제공 김재선)

다. 창문과 문의 모양도 제각각이어서 혼란스러웠다. 하지만 동찬이는 노인호 교수를 통해 어떤 이유로 이곳에 사택이 지어지고, 왜 삼릉라는 이름을 가졌는지 알게 되자 단순히 낡고 오래된 마을로만 보이지는 않았다. 줄사택을 보는 동찬이에게 노인호 교수가 설명을 해 주었다.

"동찬아. 한옥에는 이런 형태가 없으니 더 낯설게 보이지. 주택이 길게 이어진 형태라고 보면 된다. 저기 보면 문이 따로따로 붙어 있지?"

"네."

"한 채에 여러 개의 방이 있어서 그렇단다. 그래서 문이 따로 있는 거지."

"왜 저렇게 지은 거죠? 옆이랑 너무 붙어 있어서 시끄러울 거 같은데요."

"저렇게 지으면 좁은 땅에 여러 채의 집을 지을 수 있고, 건축 재료와 짓는 시간도 줄일 수 있으니까. 길게 이어 지은 다음 화장실은 한쪽 끝에 만들어 두는 거지. 이곳에서 처음 지어진 형태는 아니고 일본에서는 나가야(長屋)라고 부르는 형태로 이미 있었단다."

"많이 불편했겠네요."

"그나마 조선인 노동자에게는 그림의 떡이었어. 공장에서 일했던 분들 얘기로는 같은 일을 해도 조선인과 일본인 노동자 사이의 차별이 심했다고 하더구나."

"정말이요? 에이 치사하게."

"그렇지? 한국인 노동자는 월급도 적게 받았고, 식당도 이용하지 못했다고 해. 저런 줄사택도 일본 노동자들에게 먼저 주었으니 한국 사람들은 꿈도 못 꿀 일이었고 말이야."

"진짜 너무했네요. 그런데 사택들의 크기가 다르네요. 이쪽 건 좀 크고 저쪽 건 많이 작아요."

"그건 입주한 사람의 직급에 따라 다른 크기의 사택을 주었기 때문이란다."

"크기도 그렇고 모양이 조금씩 달라서 신기해요."

"광복 후에 우리나라 사람들이 살면서 조금씩 고쳐 가며 써서 그렇기도 해. 참 광복 후에 남겨진 일본 사람들 집을 뭐라고 부르는 줄 아니?"

노인호 교수의 물음에 동찬이는 대답 대신 고개를 저었다.

"적산 가옥(敵産家屋)*이라고 불러. 적들이 남겨 놓고 간 집이라는 뜻이지."

"처음 들어 봤어요."

동찬이의 대답에 노인호 교수는 가볍게 웃었다.

"한국 전쟁이랑 재개발로 많이 없어졌단다. 하지만 여기 삼릉 마을처럼 남아 있는 곳도 적지 않지. 그게 바로 역사의 흔적이란다."

"아직도 이런 곳이 남아 있을 줄은 몰랐어요."

"아까 탐험가라고 했을 때 살짝 실망하는 거 같더니. 이제 내가 뭘 탐험하는지 알겠니?"

"네. 역사를 탐험하는 일이 무엇보다 중요하다는 생각이 들었어요."

동찬이가 멋쩍은 듯 웃으며 대답했다.

" '역사를 잊은 민족에게 미래는 없다'라는 말이 있지. 사실은 반은 틀린 얘기란다."

"왜요?"

"역사를 잊게 되면 미래만이 아니라 현재도 없으니까. 다 부서져 가는 이 집들이 바로 그 역사지. 잊어버리면 또 다시 찾아오는 불행하고 어두운 역사."

무겁지만 의미 있는 노인호 교수의 얘기에 동찬이는 저도 모르게 고개를 끄덕거렸다.

"아픈 역사지만 저도 꼭 기억할게요. 불행하고 어두운 역사가 찾아오지 못하도록 말이에요."

용어 설명

제국주의 군사력이나 경제력을 이용해서 다른 나라를 침략해 지배하는 것을 말합니다. 19세기부터 본격적으로 시작되었으며, 유럽 국가들이 아시아와 아프리카 지역을 대상으로 했습니다.

식민지 자기 나라의 영토 밖에 다른 지역을 강제로 점령한 뒤 그곳에 자국민을 이주시켜서 원주민들을 착취하고 지배하는 것을 말합니다.

전범 기업 일본이 태평양 전쟁을 일으키자 많은 기업들이 동참해서 군수 물자를 생산하고 강제 동원된 조선인들을 학대하고 괴롭힙니다. 이런 기업을 전범 기업이라고 부르는데 대표적인 회사로 미쓰비시, 스미토모, 니콘, 도요타 등이 있습니다.

태평양 전쟁 조선을 식민지로 삼고 중국을 침략한 일본은 침략을 중단하라는 미국의 압박을 받습니다. 하지만 일본은 1941년 12월 7일 미국 태평양 함대의 기지가 있는 하와이의 진주만을 기습 공격하면서 전쟁을 벌입니다. 태평양을 무대로 펼쳐졌기 때문에 태평양 전쟁이라 부르기도 합니다.

만주 사변 1931년 9월 18일, 일본이 만주를 차지하기 위해 일으킨 사변을 말합니다. 스스로 철도를 파괴하고 중국의 소행이라고 주장하면서 군대를 동원해 만주를 차지합니다.

군수 공장 전쟁에 필요한 물자들을 생산하는 공장을 지칭합니다.

적산 가옥 적산의 원래 뜻은 적국의 생산품 또는 재산을 뜻합니다. 우리나라에서는 1945년 8월 15일 광복 이후 자기 나라로 돌아간 일본인이 남긴 집과 공장, 건물들을 지칭합니다. 대부분 민간인에게 나누어 주었는데 일부는 지금까지 남아 있습니다.

부평 삼릉 마을은 대평양 전쟁 당시 일본의 군수 물자 생산과 깊은 관련이 있는 곳입니다. 미래엔에서 나온 중학교 2학년 역사 교과서 2편의 62~63쪽에 자세하게 나와 있지요. 특히 63쪽의 병참 기지화 정책과 인력, 물자의 수탈 부분에서 잘 다루고 있습니다.

● 노인호 교수의 알림장
삼릉 마을의 탄생

사실 삼릉 마을은 처음부터 미쓰비시와 관련된 것은 아니었습니다. 애초에 이곳에 자리잡은 것은 히로나카 상공(弘中商工)이었습니다. 일본 시즈오카 출신의 히로나카 료이치는 1912년 부산으로 건너옵니다. 그리고 1916년에 히로나카 상공을 세웁니다. 처음에는 일본에서 들여온 기계들을 판매하는 일을 했는데 나중에는 직접 공장을 세우고 기계를 만들어 판매하는 일까지 합니다. 히로나카 상공은 1924년 경성으로 본사를 옮기면서 본격적인 확장에 나섭니다. 계속 회사가 커지자 히로나카는 1937년 경성 공장의 확장과 함께 부평에 공장을 새로 세울 계획을 세웁니다. 경성에 있던 기존의 공장으로는 주문 물량을 다 소화하지 못했기 때문이지요. 1930년대 후반 일본이 본격적으로 한반도를 병참기지로 만들면서 주문 물량이 폭주한 것입니다. 하지만 무리한 확장은 곧 한계에 부딪힙니다. 자금을 대는 데 문제가 생기고 전쟁이 시작되면서 경기까지 얼어붙게 된 것입니다. 결국 1942년에 부평 공장은 미쓰비시에 팔립니다. 그렇게 해서 히로나카 상공의 부평 공장은 미쓰비시 제강의 인천 제작소로 바뀌었습니다. 이런 우여곡절을 겪는 중에도 부평에는 새로운 공장이 생겨납니다. 그리고 공장에서 일할 조선인 노동자들이 몰려들면서 한적한 농촌 마을이었던 이곳이 대규모 공업 단지로 변신합니다.

● 동찬이의 내비

◎ 삼릉 마을을 가려면 지하철을 타야 해요. 1호선 부평역에서 다시 인천 지하철 1호선으로 갈아타 동수역에서 내려요. 동수역 3번 출구로 나와서 뒤쪽으로 가세요. 그리고 첫 번째 골목에서 오른쪽으로 꺽어 들어가면 됩니다. 안내판에 부영로와 부평2동 행정복지센터가 적혀 있는 곳으로요. 쭉 가시면 왼쪽에 삼릉 마을이 나옵니다. 참, 삼릉 마을을 비롯해서 부평의 역사에 대해서 알고 싶다면 부평역사박물관에 들려 보세요. 이곳은 지하철 7호선 삼산체육관역에서 내려야 해요. 4번 출구로 나와서 수변로를 따라 진산초교 사거리까지 가시면 왼편에 박물관 공원이 보일 거예요. 조금 더 가시면 2층으로 된 박물관이 있답니다.

· 2 ·
대전

소제동 철도 관사

오늘은 철도 관사를 살펴볼 거야!

"와!"

대전역에 내린 동찬이는 입을 다물지 못했다. 주차장 한가운데 정말 특이한 건물이 보였기 때문이다. 건물 옆에는 먼저 도착한 노인호 교수가 있었다. 한달음에 달려간 동찬이가 노인호 교수에게 물었다.

"뒤에 있는 집은 뭐예요?"

"어떤 용도인 거 같니?"

노인호 교수가 빙그레 웃으며 묻자 동찬이는 몇 걸음 뒤로 물러서서 건물을 살펴보았다. 까마득하게 긴 데다가 벽은 널빤지로 되어 있고, 지붕은 슬레이트로 되어 굉장히 오래된 것처럼 보였다. 동찬이가 눈살을 찌푸린채 고개를 저었다.

"잘 모르겠어요."

"창고란다. '철도청 대전지역사무소 재무과 보급 창고 3호'라는 긴 이름이 붙어 있지."

"한눈에도 꽤 오래되어 보여요."

"1956년에 만들었으니까 60년이 넘었지. 지금은 등록 문화재로 지정되었단다."

"설마 이걸 보려고 대전까지 내려오라고 하신 건 아니죠?"

동찬이의 물음에 노인호 교수가 씩 웃었다.

"그럴 리가 있겠니? 따라오너라."

이래 봬도 60년이 넘은 창고란다.

대전역 주차장에 있는 재무과 보급 창고.

노인호 교수가 향한 곳은 창고 건너편에 있는 주차장 출입구였다. 쉴 새 없이 차들이 오가는 곳으로 나오니까 벽이 가로막고 있었다. 노인호 교수는 오른편의 골목길로 향했고, 동찬이는 말없이 뒤따라갔다. 횡단보도를 건너가자 아주 낯선 풍경의 마을이 나타났다.

"여긴 어디예요?"

동찬이의 물음에 앞장선 노인호 교수가 대답했다.

"소제동이라는 곳이야. 원래는 소제호라는 호수가 있었는데 땅으로 메운 다음에 이 마을을 세웠지."

"호수를 없애 버리고 마을을 세웠다고요? 왜요?"

질문을 받은 노인호 교수는 걸음을 멈추었다. 그러고는 눈앞에 보이는 집을 바라보면서 대답했다.

"저것 때문이지."

지붕 색깔이 다른 소제동의 주택들.
한 지붕을 두 채가 나눠 썼기 때문에
나타나는 모습인데, 종종 볼 수 있는 풍경이다.

노인호 교수가 가리킨 쪽을 바라보던 동찬이가 고개를 갸우뚱거렸다.

"집이 특이하네요."

"어디가 그래 보이니?"

"기와도 이상하고, 집이 꼭 쌍둥이처럼 붙어 있잖아요. 저쪽에 있는 건 지붕이 너무 뾰족하고요."

골목길에는 이상하게 생긴 집들로 가득했다. 동찬이는 호기심 어린 눈길로 집들을 살펴봤다.

"우아! 저긴 지붕 색깔이 달라요. 한쪽은 회색이고 다른 쪽은 주황색이에요. 왜 저런 거예요?"

"붙어 있기는 하지만 서로 다른 집이니까."

"진짜요? 자세히 보니까 담장이 가운데로 지나가네요."

"여기에 왜 이런 집들이 있는지를 말하려면 먼저 알아야 할 게 있단다."

붙어 있지만 서로 다른 집이란다.

대전 전통 나래관 옥상에서 촬영한 소제동의 전경.
한옥과는 확연하게 다른 일본식 가옥의 지붕 형태가 보인다.

"뭔데요?"

동찬이의 물음에 노인호 교수가 저 너머로 보이는 철도청 빌딩을 바라보면서 대답했다.

"대전은 지금은 큰 도시지만 조선 시대에는 작고 조용한 마을이었단다."

"진짜요? 그런데 어떻게 이런 큰 도시가 되었어요?"

"그게 다 철도 때문이다."

"철도요?"

동찬이가 의아하다는 표정으로 묻자 노인호 교수가 대답했다.

"지금은 전기로 움직이니까 중간에 사람들이 타고 내릴 때 빼고는 쉬지 않아도 되지만 예전에는 증기 기관차였거든. 칙칙폭폭 하며 다니는 증기 기관차 본 적 없지?"

"영화에서는 봤어요."

"증기 기관차가 움직이려면 물과 석탄이 필요하단다. 그래서 연료가 떨어지면 가다가 중간중간에 서야만 했단다."

"대전에서 증기 기관차가 멈춘 건가요?"

"경부선이라는 말 들어 봤지? 서울과 부산을 연결하는 철도 노선을 말하는 건데."

"알죠, 그 정도는."

동찬이가 살짝 삐졌다는 표정으로 대답하자 노인호 교수가 껄껄 웃었다.

"철도는 근대의 상징이었단다. 동찬이는 중세와 근대의 차이가 뭐라고 생각하니?"

"글쎄요."

"바로 시간을 예측할 수 있다는 점이란다. 예전에는 시계도 없고, 교통수단도 없었기 때문에 어디 멀리 가거나 누구를 만나려면 무작정 걷거나 기다리는 수밖에 없었단다."

"그렇죠. 지금도 휴대폰이 없으면 약속을 못 잡잖아요."

"하지만 근대에 들어서 시계가 만들어지고 철도가 놓이면서 원하는 시간에 원하는 장소까지 가는 게 가능해졌단다."

"하긴, 시계를 보고 열차를 타면 시간을 맞출 수 있겠네요."

"그렇기 때문에 철도가 근대의 상징이 된 거란다. 대한제국 정부 역시 그 중요성을 깨닫고 철도를 놓으려고 했단다. 하지만 그때는 일본의 방해로 실패하고 말았지."

"그럼 우리나라 철도는 누가 놓은 거예요?"

"우리 것을 빼앗아서 일본으로 싣고 가기 위해서 일본이 철도를 놓은 거란다. 거기다 중국으로 진출하기 위한 목적도 있었지. 군대를 빠르게 이동시켜야 했으니까 말이다."

"그럼 그 철도는 언제 놓은 건가요?"

"대전을 지나가는 경부선은 1905년에 놓였는데 일본이 주도했지."
"그러면서 대전이 커진 거예요?"
동찬이의 얘기에 노인호 교수가 고개를 끄덕거렸다.
"원래 조선 시대까지만 해도 충청남도에서 가장 큰 도시는 공주였단다. 그래서 일본이 일부러 그쪽으로 철도를 놓지 않고 허허벌판이나 다름없던 대전으로 지나가게 만든 거지."
"사람이 많은 곳에 지어야 편하게 이용할 수 있는 거 아닌가요?"
"조선 사람들 쓰라고 만든 철도가 아니었으니까. 그리고 새로운 곳에 지어야 일본인들이 자리잡기 편하니까 그랬던 거란다. 지난번에 내가 식민지가 무슨 뜻이라고 했지?"
"사람을 심는다!"
"맞아. 자기네 사람을 심기 위해서는 아무도 없는 새로운 땅이 필요했던 거야."
"그게 바로 대전이었군요."
"안타깝지만 그렇단다."
침울한 표정으로 말하는 노인호 교수에게 동찬이가 물었다.
"그런데 이 이상한 집들은 철도와 무슨 관련이 있는데요?"
"여기 있는 집들은 철도 관사들이란다."
"관사요?"

"나라에서 지어서 공무원들에게 나눠 주는 집을 관사라고 해. 여기 소제동에 있는 관사는 철도 종사자들이 머물던 곳이지. 대전역에서 가까웠거든."
"맞아요. 걸어서 금방이었어요."
"여기 집들을 자세히 보면 참 길지?"
"그러네요. 지난번 본 삼릉 마을만큼은 아니지만 꽤 길어요."
동찬이의 말에 노인호 교수가 고개를 끄덕거렸다.
"등급별로 모양과 크기가 달라서 모양도 제각각이란다."
"등급이요?"
"일하는 사람의 직위에 따라서 등급을 매기고 그 등급에 맞춰서 집을 주었단다. 높은 등급이면 넓은 서양식 집을 주고, 낮은 등급이면 작은 일본식 집을 주는 식이지."
"그래서 여기 집들이 조금씩 달랐군요."
"철도의 경우에는 3등급에서 8등급까지 관사가 나뉘었겼단다. 아까 한 채 같은데 두 채로 나뉘진 것은 7등급 관사지."
"삼릉 마을의 줄사택처럼 땅이랑 건축비를 줄이려고 그랬군요."
동찬이의 대답을 들은 노인호 교수가 흡족한 표정을 지었다.
"맞아. 이제 잘 아는구나."
설명을 들은 동찬이는 한동안 골목길을 돌아다니면서 철도 관사들을 살펴봤다. 낡고

소제동에 남아 있는 철도 관사들. 일부는 창작촌으로 운영되기도 한다.

오래된 관사들은 세월이 흐르면서 제각각의 얼굴을 갖게 되었다. 지붕을 새로 씌우기도 했고, 페인트 칠을 새로 하기도 했다. 하지만 원래의 지붕과 창틀이 어땠는지는 어렵지 않게 알아볼 수 있었다. 한동안 철도 관사들을 살펴보던 동찬이가 물었다.

"이런 관사들은 지금 얼마나 남아 있나요?"

"대전만 해도 몇 군데가 있었지. 대전역을 중심으로 동쪽과 남쪽, 그리고 서쪽에 있었는데 다른 곳은 재개발로 없어지고 여기 동쪽 관사촌인 소제동에만 몇 십 채 남아 있단다. 전국으로 보면 삼랑진이나 경주에도 있고, 서울에도 아직 남아 있어."

"꽤 많이 남아 있군요."

"그만큼 많은 철도를 깔았고, 많은 사람들이 일을 했기 때문이지. 이쪽으로 오너라. 재미있는 걸 보여 주마."

구불구불한 골목으로 들어간 노인호 교수를 뒤따라가던 동찬이는 흥미로운 것을 발견했다.

"벽화가 있네요?"

"예쁘지?"

"네."

"여기를 벽화 마을이라고도 불러. 어떤 사람들은 이런 곳을 보면서 어둡고 아픈 기억만을 떠올리지. 하지만 여기도 사람이 사는 곳이라는 걸 잊으면 안 된다."

설명을 들은 동찬이는 골목길을 따라 수줍게 이어진 벽화들을 바라보았다. 키 작은 나무부터 눈사람, 우체통 같은 것이 정겹게 그려져 있었다. 좁은 골목길을 들어가던 노인호 교수가 발걸음을 멈췄다.

"저걸 봐라."

"벽이 나무로 되어 있네요?"

"벽이 온통 나무로 되어 있네요."

소제동 주택의 일부는 널빤지로 된 벽이 남아 있다. 벽에 붙은 나무패에는 관사 번호가 적혀 있다.

"초창기에 지어진 관사들이라서 그래. 관사도 다 같은 모양이 아니라 시대에 따라서 쓴 재료가 다르니 모양도 다르단다. 처음에 지은 관사는 일본식으로 널빤지로 벽을 만들었지. 그러다가 난방 문제 때문에 시멘트로 바꿨고, 온돌을 놓기도 했단다."
"저기 벽에 뭔가가 붙어 있어요."
"많이 흐려지기는 했는데 한문으로 숫자가 적혀 있구나. 관사 번호를 뜻하는 거 같아."
"저런 게 다 남아 있다니 신기해요."
"역사의 흔적이라고 할 수 있지."
"할아버지는 저런 걸 찾기 위해 탐험을 하시는 건가요?"
동찬이의 물음에 노인호 교수는 씩 웃었다.
"그렇다고 할 수 있지. 동찬아, 벽화 더 보고 싶니?"
"네!"
"그럼 대동천을 건너가자. 그쪽에 벽화가 더 있어."
신이 난 동찬이는 노인호 교수의 뒤를 따라갔다. 길게 이어진 골목길을 걷던 동찬이는 갈림길에 나타난 옛날 가게 간판들을 신기한 눈으로 바라봤다.

"아빠랑 같이 봤던 드라마에서 나왔던 것들이에요."

"실제로 보니까 어떠냐?"

"신기해요."

"그래서 여기를 시간이 멈춘 곳이라고도 부르지. 참, 이 길 이름은 솔랑시울길이란다."

"무슨 뜻이에요?"

"반짝이는 솔랑산길이라는 뜻이지. 소제호 뒤편에 있던 솔랑산에서 따온 거지."

이런저런 설명을 들으면서 다리를 건넌 동찬이는 건너편 집의 담장에 그려진 벽화들을 보았다.

"우아! 기차가 벽을 따라 칙칙폭폭 움직여요."

"저쪽은 어떤 그림인 거 같니?"

노인호 교수가 가리킨 곳을 본 동찬이는 깜짝 놀란 듯 눈이 커졌다.

"석양이 져 있고, 말을 탄 사나이가 벤치에 앉은 여인을 보고 있어요."

"사나이가 여인을 두고 떠나는 것 같니? 아니면 기다리고 있던 여인에게 돌아온 것 같니?"

잠시 고민하던 동찬이가 대답했다.

"돌아온 거 같아요. 떠나는 거면 너무 슬프잖아요."

"나도 그랬으면 좋겠구나. 동찬아, 오늘 돌아본 곳은 어땠니?"

노인호 교수의 질문에 동찬이는 강 건너 소제동을 바라봤다.

"저기가 원래 호수였다고 하셨죠?"

"그렇단다. 중국의 소주에 있는 호수만큼 아름다워서 소제호라는 이름이 붙었지."

"그 호수가 사라지고 철도 관사들이 지어진 걸 역사라고 부르는 거지요?"

소제동에는 다양한 벽화들이 그려져 있다.

"어떤 사람들은 그걸 근대화라고 부르면서 긍정적으로 보고 있지. 하지만 난 그렇게 생각하지 않는단다."

"왜요?"

"차별 때문이지. 지금도 곳곳에 관사들이 남아 있을 정도로 당시에는 철도 일을 하는 사람들이 많았단다. 하지만 높은 자리는 대부분 일본인 차지였고, 우리나라 사람들은 한두 명에 불과했지."

"그럼 다른 사람들은 뭘 했는데요?"

"하급 기술자나 단순 노무자였단다. 그런 차별이 일상적이었는데 어떻게 우리에게 도움이 되었겠니."

동찬이는 노인호 교수의 설명을 들으면서 강 건너편의 소제동을 바라봤다. 그리고 그 시절을 온몸으로 살아 낸 사람들의 마음이 어땠을지 조용히 헤아려 보았다.

용어 설명

철도 철도는 바닥에 강철 레일을 깔고 그 위로 기관차가 화물과 승객을 태우고 가는 지나가는 방식의 운송 수단을 말해요. 처음에는 증기로 움직이는 증기 기관차가 사용되었다가 현재는 전기나 석유로 움직이는 기관차가 운행 중이랍니다.

교과서에 나와요!

대전 소제동은 일본이 조선에 멋대로 철도를 부설하던 시기와 깊은 관련이 있습니다. 미래엔에서 나온 중학교 2학년 역사 교과서 2편의 47쪽 '식민지 수탈 체제의 확립' 부분에 철도에 관해서 이야기하고 있습니다.

● 노인호 교수의 알림장
전국에 남아 있는 철도 관사촌

1905년 경부선 개통 기념 행사를 하는 모습. (철도박물관 제공)

일본은 조선을 경제적으로 수탈하기 위해 경부선을 비롯한 철도 노선을 곳곳에 만들었습니다. 그에 따라서 철도를 관리하고 운영하는 인원이 머무는 관사도 전국 곳곳에 지어집니다. 서울의 용산역 일대에는 대규모 철도 관사가 만들어졌지요. 경부선과 호남선이 지나가는 대전 역시 소제동에 철도 관사들이 만들어집니다. 그밖에 낙동강이 흐르는 삼랑진, 강원도 동해, 전라도 순천에도 철도 관사들이 만들어졌지요. 그중 일부는 소제동처럼 아직도 일부가 보존되어 있습니다.

● 동찬이의 내비

➲ 소제동을 가려면 대전역에서 내려서 호국철도 광장 방향으로 나와야 해요. 주차장 한복판에 커다란 창고가 보이는데 그 뒤편에 주차장 출입구가 있답니다. 출입구를 나오면 앞은 막혀 있어요. 오른쪽으로 조금 걸어가면 건널목이 나오고 거기를 건너면 바로 소제동입니다. 골목길에 예쁜 벽화가 그려져 있고, 드라마에서 볼 수 있는 옛날 간판들도 보여요. 대전 전통 나래관 옥상에 올라가면 소제동 전체를 내려다볼 수 있어요.

· 3 ·
대전

옛 충남도청

"샹들리에가 무척 화려하네요."

소제동 철도 관사를 둘러본 두 사람은 몇 주 뒤 다시 대전역에서 만났다. 그리고 바로 대전 지하철을 탔다. 빈자리에 앉은 노인호 교수가 옆자리에 앉은 동찬이에게 물었다.
"동찬아! 대전의 우리식 이름이 뭔지 아니?"
"뭔데요?"
"한밭이야. 큰 밭이란 뜻이지."
"그럼, 예전에 여기가 밭이었단 말이에요?"
동찬이의 물음에 노인호 교수가 고개를 끄덕거렸다.
"조선 시대에는 대전이라는 지명조차 없었단다. 공주목에 속한 회덕현과 진잠현으로 나뉘어 있었지. 나중에 회덕군과 진잠군으로 바뀌기는 했지만 여전히 대전은 별도의 행정 구역이 아니었어."

"그러다가 철도가 지나면서 커졌다는 말씀이시죠?"

동찬이의 대답이 노인호 교수가 흐뭇한 표정이 되어 말했다.

"녀석, 기특하구나, 1904년 12월 27일에 경부선이 완공되는데 대전을 경유하게 되었지. 그러면서 대전역이 세워지고 주변에 관사들이 들어섰단다. 지난번에 보았던 곳이 바로 소제호를 메워서 만든 소제동의 철도 관사촌이고 말이다."

"열차가 지나간다는 게 당시에는 정말 큰 장점이었나 봐요."

"아무래도 사람들이 모이면 새로운 도시가 만들어질 수밖에 없지. 그러다가 1914년 공식적으로 대전군이 신설된 이후에는 호남선까지 연결되면서 명실상부한 대도시로 발돋움을 하게 되지."

노인호 교수의 설명을 듣던 동찬이는 타고 가던 지하철을 살펴보았다. 비록 철도는 아니지만 이런 교통수단이 새로운 도시를 탄생시켰다는 게 너무 신기했다. 그러다 문득 궁금해졌다.

"대전이 있기 전에 이곳에 더 큰 도시가 있다고 하지 않았어요?"

"충청도를 관할하던 관찰사가 있던 공주였단다. 그리고 포구가 있던 강경도 제법 컸지. 하지만 일본은 이렇게 조선인들이 많이 있는 곳은 일부러 피해서 철도 노선을 깔았단다."

"우리나라 사람들 없는 곳에서 일본 사람들을 자리 잡게 하려고 그런 거였죠?"

"사실 처음에는 공주를 검토하기는 했지만 형식적이었던 것 같아."

"에잇 좀 치사한데요. 그럼 대전에는 일본 사람들이 많이 들어와 자리를 잡았겠네요?"

"그렇지. 철도 종사자들은 물론이고 군대와 경찰도 들어왔어. 그러면서 아예 일본의 신을 모시는 신사도 세워졌지."

"맙소사. 신사까지요?"

동찬이가 얼굴을 찡그리면서 중얼거렸다. 그런 동찬이에게 노인호 교수가 말했다.

"일본 사람들이 얼마나 치밀했는지 알 수 있겠지? 자, 이제 다 왔으니까 내리자."

지하철에서 내려 밖으로 나온 동찬이가 주변을 두리번거렸다.

"여긴 어딘가요?"

"중구청역이야. 저쪽이 우리가 오늘 탐험할 곳이다."

노인호 교수가 가리킨 곳에는 고풍스러워 보이는 커다란 건물이 있었다. 고개를 들어서 건물을 살펴본 동찬이가 노인호 교수에게 물었다.

"벽에는 노란색 타일이 붙어 있어서 그런가 좀 촌스러워 보여요."

"그냥 타일이 아니라 스크래치 타일*이란다. 1930년대에 유행했던 거지."

"우아, 그럼 저 건물은 1930년대 지어진 건가요?"

"맞아. 옛날에는 충남도청 건물이었단다."

"근데 교수님. 3층 모양이 좀 이상해요."

옛 충남도청의 정문과 외부 모습.
별다른 장식 없이 스크래치 타일만 붙였다.

1930년대에 지어졌다니 놀라워요.

옛 충남도청의 정문 모습.

"원래는 2층이었는데 1960년대에 한 층을 더 올린 거란다. 해방 후에도 계속 도청으로 사용되었지."

"지금은 사용을 안 하나 봐요?"

"충남도청은 몇 년 전에 충남 내포 신도시로 옮겨 갔다. 그래서 저 건물은 지금 대전 근현대사전시관으로 사용되고 있지."

동찬이는 노인호 교수의 설명을 들으며 정문으로 들어섰다. 대전 근현대사전시관은 창문을 제외하고는 노란색이었고, 경비실과 정문에도 스크래치 타일이 붙어 있었다. 육중하면서도 단단한 느낌을 주기는 했지만 밋밋하고 단순해 보이는 옛 충남도청 건물을 바라본 동찬이가 노인호 교수에게 말했다.

"건물이 좀 멋이 없어요."

"왜 그렇게 생각하니?"

"명색이 도청 건물인데 너무 밋밋해요. 인터넷에서 조선 총독부*랑 경성부청* 같은 건물들 찾아보니까 엄청 멋지던데……. 음, 저건 그냥 못생긴 건물 같아요."
건물이 못생겼다는 말에 노인호 교수가 껄껄 웃었다.
"이제 동찬이도 제법 보는 눈이 생겼구나. 옛날 충남도청이 이렇게 지어진 건 당시 유행 때문이란다."
"유행이요?"
"모더니즘*이라는 말은 들어 봤니?"
"모더니즘이요?"
동찬이가 아리송한 얼굴이 되어 되물었다.
"기존의 종교와 권위를 부정하면서 합리적이고 과학적이며 개인적인 것을 추구하는 것을 말한다. 1920년대에 유행했지."
"그게 여기 건물이랑 무슨 상관인데요?"
"동찬이가 말한 조선 총독부는 1916년에 지어지기 시작해서 1926년에 완성되었단다. 경성부청사도 같은 해에 지어졌지. 그래서 화려하고 웅장한 형식을 가질 수 있었어. 하지만 충남도청은 1932년에 완성되었단다."
"그래 봐야 몇 년 차이 나지 않잖아요."
"1930년대는 모더니즘 시대였기 때문에 그런 화려함을 지닐 수는 없었단다. 거기다 또 다른 이유도 있었고 말이야."
"다른 이유요?"
동찬이의 물음에 노인호 교수가 어깨에 가볍게 손을 올리면서 대답했다.
"안을 살펴보면서 얘기하자꾸나."
노인호 교수는 동찬이를 데리고 현관으로 향했다. 현관을 본 동찬이가 중얼거렸다.
"현관은 좀 커 보이네요."

옛 충남도청 현관의 옆면.
자동차가 들어갈 수 있도록 경사가 져 있다.

"그렇지. 지붕도 있고, 정면은 계단이지만 양옆은 경사로란다."
"경사로라니, 그때도 휠체어 같은 게 있었나요?"
"휠체어가 다니는 길이 아니었어. 차 때문에 그랬단다."
"차가 여기까지 와서 섰다고요?"
"응 그렇지. 현관에 지붕이 있는 것을 포치(Porch)라고 불러. 관공서 같은 경우 차를 댈 수 있도록 포치를 크게 만들고 양 옆에 경사로를 둔단다. 학교나 일반 주택 같은 경우에는 포치가 작거나 계단만 만들지."

"그러니까 건물의 용도에 따라서 포치의 크기나 경사로가 달라질 수 있다는 뜻이네요."

"그걸 읽어 낼 수 있다면 역사를 더 재미있게 탐험할 수 있지. 이쪽으로 와 봐라."

노인호 교수는 포치의 기둥에 있는 노란색 스크래치 타일을 손가락으로 가리켰다. 가까이 다가가서 살펴본 동찬이가 말했다.

"위아래로 잔금이 쭉 가 있는데요."

"이 타일은 여기뿐만 아니라 비슷한 시기에 만들어진 인천부청에도 쓰였지."

"지금 보니까 노란색이 아니라 갈색에 가깝네요."

"시간이 지나면서 색깔이 조금 달라진 것 같구나. 안으로 들어가자."

동찬이는 노인호 교수와 함께 옛 충남도청 안으로 들어섰다가 이내 감탄사를 내뱉었.

"우아!"

그도 그럴 것이 현관 안에 들어서자마자 화려한 대리석 계단이 보였기 때문이다. 거기다 천장에서 내려온 샹들리에도 정말 예뻤다. 무엇보다 아치형으로 이어진 지붕이 눈에 띄었다. 평범하고 단순해 보이는 외관과는 완전히 다른 모습이었다. 노인호 교수가 입을 벌리고 서 있는 동찬이에게 말했다.

"이 건물은 전체적으로 ㄷ자 형태로 되어 있단다."

"복도가 되게 길어 보여요."

"복도가 기니 어떤 느낌이 드니?"

질문을 받은 동찬이는 잠시 생각하다가 대답했다.

"음, 조금 딱딱해 보여요."

"제대로 봤구나. 엄격한 관공서의 느낌을 주고 있지."

"그런데 가운데는 되게 화려하네요. 계단도요."

"직접 올라가 보면 이유를 알 수 있지."

신이 난 동찬이는 노인호 교수를 앞질러 계단을 올라갔다. 중간의 계단참을 돌아 2층으로 올라가자 통로 맞은편에 커다란 나무 문이 보였다. 그 위에 적힌 글씨를 본 동찬이가 중얼거렸다.

"도지사실?"

뒤따라 올라온 노인호 교수가 그쪽을 바라보면서 말했다.

"충남도청의 가장 중심이 되는 곳이지. 1층 중앙이 화려한 건 바로 이곳 때문이기도 하단다."

"들어가 봐도 돼요?"

"물론이지."

호기심이 발동한 동찬이는

옛 충남도청의 현관과 복도. 현관은 화려한 대리석 계단과 샹들리에가 눈길을 끈다. 반면 복도는 길고 차가운 느낌을 준다.

> 복도가 기니까 좀 딱딱한 분위기지?

안으로 들어갔다. 내부는 접견실과 집무실로 나뉘었는데 전시 공간으로 이용하고 있었다. 역대 충남도지사의 이름과 사진들을 살펴보던 동찬이에게 노인호 교수가 말했다.

"이쪽으로 와 보겠니?"

"어? 밖으로 나가는 발코니가 있네요."

"아까 우리가 들어온 현관의 지붕이기도 하지."

동찬이는 노인호 교수를 따라 발코니로 나왔다. 눈앞에 직선으로 뻗은 도로가 보였다.

"도로가 뻥 뚫려 있어서 앞이 잘 보여요."

"지금은 빌딩 때문에 잘 안 보이는데 저 도로 끝에 대

옛 충남도청 2층 도지사실 발코니에서 바라본 시내 모습.

전역이 있단다. 옛날에는 여기에 서면 대전역이 훤히 보였을 거야."
"그만큼 대전으로서는 철도가 중요했다는 의미죠?"
동찬이의 말에 노인호 교수는 흡족한 표정을 지었다.
"그렇지. 일제 시대 때 일본인 도지사는 이곳에 서서 대전역을 바라봤겠지. 그러면서 이 도시가, 그리고 이 땅이 누구의 것인지를 되새겼을 거야."
"그런 때가 있었다는 걸 잊지 않아야 하는 게 우리가 할 일이고요."
"맞아. 1층과 2층에 대전과 충남도청의 역사를 알 수 있는 전시 공간이 있단다. 둘러보면서 얘기를 나누자꾸나."
"네."

옛 충남도청 1층에 있는 대전 근현대사전시관의 모습.

대전은 철도와 뗄 수 없는 도시로군요.

대전 근현대사전시관에는 철도와 밀접한 관련이 있는 대전의 역사를 알 수 있었다. 동찬이는 그곳에서 경부선이 1901년에 서울 영등포와 부산 초량에서 각각 기공식을 하고 공사를 시작했다는 사실을 알게 되었다.

전시관을 돌아보던 동찬이가 노인호 교수에게 말했다.

"대전에 철도 공사를 위해 일본인들이 본격적으로 발을 들여놓은 것이 1904년이었네요."

"맞다. 대전으로 몰려온 일본인들은 기하급수적으로 늘었지. 철도가 놓이면 각종 공사를 해야 하고, 그걸 통해서 이익을 얻으려고 한 거지."

"여기 보니까 자기들끼리 단체도 만들었네요."

"여러 단체를 만들어서 로비를 했을 거다. 나중에 충남도청을 이전할 때도 그런 단체들이 나섰지."

"대전 형무소도 있었고, 공장도 많이 들어왔어요."

동찬이의 말에 노인호 교수가 전시물을 보면서 설명했다.

"대전 형무소는 독립운동가들이 많이 갇혀 있었단다. 대표적인 인물이 김창숙, 안창호, 그리고 여운형이 있었지."

"교과서에서 봤던 분들이네요."

동찬이는 더 열심히 전시관을 둘러 보았다. 전시관을 둘러보고 밖으로 나오려던 동찬이는 안쪽으로 난 창을 무심코 봤다가 깜짝 놀랐다.

"어? 안쪽 벽은 스크래치 타일이 아니라 그냥 붉은 벽돌이네요?"

"비용을 아끼기 위해 그랬을 거야. 스크래치 타일은 벽돌보다 많이 비쌌거든."

노인호 교수의 설명을 들은 동찬이는 눈이 동그래졌다.

"근데 아까 1932년에 지어졌다고 하셨잖아요."

"1931년 6월에 착공해서 다음 해 9월에 완공되었지."

"굉장히 빨리 지었네요. 왜 그렇게 빨리 지었을까요?"

"여러 가지 이유가 있었지. 건물을 한 바퀴 돌아보면서 얘기해 줄게."

"네."

현관으로 나온 두 사람은 시계 방향으로 건물을 빙 돌았다. 동찬이는 앞장선 노인호 교수의 설명에 귀를 기울였다.

"원래 충남도청은 공주에 있었단다."

"조선 시대 감영이 있던 곳에 도청이 생긴 거네요."

현재 주차장으로 쓰는 옛 충남도청의 안쪽 모습. 전체적으로 ㄷ자 형태로 되어 있으며 안쪽은 비용을 줄이기 위해 스크래치 타일을 붙이지 않았다.

"처음에는 아예 감영 건물을 도청으로 사용하기도 했지. 그러다가 차츰 도청들을 옮기기 시작했단다."

"어디로요?"

"조선 사람이 많이 살던 곳을 떠나서 일본 사람이 많은 곳으로 옮겼지."

"그럼 공주에서 대전으로 온 것도 그런 이유 때문인가요?"

"물론이지. 공주는 조선 사람들이 주도권을 가지고 있었지만 대전은 새로 생긴 곳이라 일본 사람들의 입김이 컸거든."

"진짜 너무하네요."

동찬이가 입을 삐죽 내밀자 노인호 교수가 쓴 웃음을 지었다.

"먼저 움직인 건 대전에 사는 일본인 유지들과 친일파 지주들이었단다. 1930년에 '대전기성회'를 세우고 조직적으로 도청 이전 여론을 불러일으켰지. 공주는 교통이 불편하고 금강이 자주 범람한다는 명분을 내세워서 말이다."

"공주 사람들은 가만있었나요?"

"당연히 가만있지는 않았지. 그쪽도 반대 운동을 폈지만 대전의 기세를 이길 수는 없었단다. 일본 입장에서도 일본인들이 많이 살고 철도도 깔린 대전이 도청 소재지로는 더 적합했다고 생각했으니까 말이다."

"그래서 대전으로 옮겨졌군요."

"1931년 초에 이전이 결정되고 6월에 착공했어. 세워지는 과정을 보면 대전의 일본인 지주들이 왜 기를 쓰고 도청을 이전하려고 했는지 알 수 있단다."

"왜 그런 거예요?"

"여기에 도청 건물을 지을 때 참여했던 건축업자가 바로 이전 운동을 했던 일본인이었단다 그리고 이곳에 도청이 들어서면서 주변 땅값이 많이 올랐는데 대부분 일본인들의 소유였지."

"조선 사람들은 완전히 밀려난 건가요?"

"하지만 지금은 우리 문화재이지 않니. 나는 역사 안에는 어떤 힘이 있다고 믿는다."

"어떤 힘이요?"

"비정상을 정상으로 만드는 힘 말이다. 이 건물을 보면 그걸 느낄 수 있지."

노인호 교수의 얘기에 동찬이는 저도 모르게 고개를 끄덕거렸다. 동찬이는 역사 안에 있는 힘을 더 찾아보며 살겠다고 다짐하며 주먹을 쥐었다.

용어 설명

스크래치 타일 1930년대 유행한 건축 재료로 노란색과 밝은 갈색 계통의 타일이다. 위아래로 가느다란 금이 가 있어서 스크래치 타일이라고도 부른다. 충남도청 외에도 현재 인천 중구청으로 사용하는 옛 인천부청사도 스크래치 타일을 사용했다.

조선 총독부 일본이 조선을 지배하기 위해 세운 관청. 가장 먼저 세워진 곳은 남산이었지만, 1926년 경복궁 앞에 지어졌다가 1996년 해체된 총독부 건물이 가장 유명하다.

경성부청 1926년 총독부와 함께 지어진 경성부청은 일제가 경성 일대를 통치하기 위해 만든 관청이다. 광복 후에는 서울시청으로 사용되었다. 현재는 서울도서관으로 사용하고 있다.

모더니즘 1920년대 유행한 문화 예술계의 경향으로 전통과의 단절을 통해 개인주의를 지향한다.

옛 충남도청은 일본의 식민지 수탈의 상징이기도 합니다. 미래엔에서 나온 중학교 역사 교과서 2편 '식민지 수탈체제의 확립'에서 일본의 토지 조사 등에 대한 설명이 나오며, 대표적인 수탈 기관인 동양척식주식회사에 대해서도 알려 주고 있답니다.

● 노인호 교수의 알림장
조선식산은행이 독립운동가들의 표적이 된 이유는?

조선식산은행 기념 엽서. (공공누리 제공)

조선식산은행은 대한제국 말기에 조선인들이 세운 농공은행 등을 합병해서 세워졌습니다. 민족 자본을 말살하는 동시에 경제적 수탈에 박차를 가하기 위해서 세워진 것이죠. 실제로 조선식산은행은 일제가 진행한 산미증식계획을 적극적으로 지원했습니다. 이런 점 때문에 일찌감치 독립운동가들의 표적이 되었죠. 1926년 12월 26일, 중국인 노동자 마중덕으로 위장한 독립운동가 나석주가 인천항에 도착합니다. 의열단 출신인 그는 가지고 온 폭탄으로 가장 먼저 조선식산은행 본점을 공격했습니다. 이 사례에서 알 수 있듯 조선식산은행은 일제의 대표적인 수탈 기관이었습니다. 나석주 열사의 거사에 비해 잘 알려지지 않은 또 다른 사례가 있습니다. 1927년 10월 18일 아침, 조선식산은행 대구 지점에 누군가 들어섭니다. 근처 덕흥어관의 일꾼 박노선이었습니다. 그는 은행 창구에 신문지로 포장된 상자를 내밀면서 지점장에게 전달해 줄 것을 부탁하고 사라집니다. 상자를 건네받은 은행원은 안에서 이상한 냄새가 나는 것을 수상하게 여깁니다. 마침 상자를 건네받은 일본인 은행원은 전직 군인이었습니다. 그는 신문지를 뜯어서 상자를 열어 보고는 안에 폭탄이 든 것을 확인했습니다. 재빨리 도화선을 끊어서 폭발을 막는 데 성공합니다. 박노선은 현장에서 체포되었고, 신고를 받은 일본 경찰이 현장에 나타났습니다. 은행 밖에는 박노선이 다른 곳에 가져가기 위해 쌓아 둔 상자 세 개가 더 있었습니다. 일본 경찰이 상자를 조사하려는 찰나, 커다란 폭음과 함께 연달아 폭탄이 터졌습니다. 덕분에 현장에 있던 경찰관과 행인 등 여섯 명이 중경상을 입었고, 은행 유리창도 깨지고 말았습니다. 폭탄을 배달시킨 이는 경북 칠곡 출신의 독립운동가 장진홍이었습니다. 그는 비밀리에 입수한 폭탄과 도화선을 이용해서 일본의 고위 관리와 수탈 기관을 공격하기로 마음먹습니다. 직접 만든 폭탄을 가지고 대구 시내로 들어온 그는 화전동의 덕흥여관에 투숙합니다. 그리고 폭탄이 든 상자를 신문지로 포장한 뒤 여관 일꾼 박노선에게 배달을 부탁합니다. 그가 만든 폭탄 상자의 수취인은 조선식산은행 대구 지점장과 경북도지사, 경북 경찰부장이었습니다. 하지만 장진홍의 계획은 첫 번째 배달 장소인 조선식산은행에서의 일로 끝나고 맙니다. 거사가 실패했음을 깨달은 장진홍은 일본으로 도피해서 다시 거사를 계획하지만 일본 경찰에 의해 체포됩니다. 사형 판결을 받은 그는 1930년 7월 31일, 감방에 몰래 숨겨 둔 수면제를 복용하고 스스로 목숨을 끊습니다. 사형 집행 하루 전의 일이었습니다.

● 동찬이의 내비

◐ 대전 근현대사전시관으로 사용 중인 옛 충남도청으로 가려면 대전 지하철 1호선 중구청역에서 내려야 해요. 4번 출구로 나와서 길을 따라 쭉 가면 중구청 사거리가 나오는데 거기에 있답니다. 대전 근현대사전시관에서 중앙로역 방향으로 쭉 걷다 보면 안경점 하나가 나오는데요. 바로 조선식산은행 대전 지점이었답니다. 그리고 선화네거리 근처에 있는 목척시장 쪽에는 옛날 대전부윤의 관사가 남아 있습니다. 지금은 카페 안도르로 변신해서 손님들을 맞이하지요. 옛날 모습이 잘 남아 있어서 사람들의 눈길을 끈답니다.

군산 내항

파란 대문이 인상적이에요!

"잘 잤니?"

노인호 교수의 물음에 길게 하품을 하던 동찬이가 급하게 대답했다.

"네."

"게스트 하우스에서 자는 건 처음이지?"

"아빠랑 여행 가면서 몇 번 잔 적은 있는데 이런 곳은 처음이에요. 여기 이름이 뭐였죠?"

어젯밤 늦게 군산에 도착한 동찬이는 노인호 교수에게 이끌려 하룻밤을 머물 게스트 하우스에 도착했다. 특이하게 넓은 마당이 있었고, 간판이 한자로 쓰여 있었다. 건물들도 거의 나무로 만들어진 곳이었다.

"고우당'이라는 곳이다. 일본식 주택 형태로 만들어져서 독특해 보이지?"

노인호 교수의 대답을 들은 동찬이가 물었다.

"고우당은 무슨 뜻이에요?"

"고우다의 전라도 사투리인 고우당에서 유래된 이름이라는구나."

"아. 그런데 왜 일본식 주택처럼 지은 거예요?"

"그건 군산이 일본과 깊은 연관이 있어서야. 특히 일제 시대와 말이다. 우리 이제 아침 밥 먹고 나가 볼까?"

"네, 좋아요. 교수님, 오늘은 어디를 다니실 건가요?"

"오늘은 군산 내항을 가 볼 거다."

"알겠습니다."

씩씩하게 대꾸하는 동찬이를 보고 노인호 교수가 흐뭇하게 웃었다.

아침을 먹은 동찬이는 노인호 교수를 따라 거리로 나섰다. 등에 멘 가방을 추스른 노

군산의 대표적인 게스트 하우스인 고우당. 일본식 주택과 정원으로 구성되어 있다.

인호 교수가 먼저 입을 열었다.

"전라도는 땅이 넓고 기름져서 한반도의 곡창 지대라 불리던 곳이었어."

"네, 버스 타고 오다가 지평선을 봤는데 끝없이 이어져서 정말 신기했어요."

신이 난 동찬이의 대답에 노인호 교수가 가볍게 고개를 끄덕거리며 말했다.

"평야가 아주 넓지? 날씨도 따뜻해서 농사가 잘 되는 지역이었어. 덕분에 일본의 식민지가 된 이후에는 가혹하게 수탈을 당해야만 했지."

"아, 정말이지 일본 사람들은 나쁜 짓을 참 많이 하고 다녔네요."

동찬이가 혀를 끌끌 차며 말했다.

"맞아. 특히 자기들 먹을 쌀이 부족하니까 곡식이 풍족했던 전라도 지역을 탐냈지. 여기에서는 쌀이 많이 나왔거든. 그래서 전라도에는 일본인 대지주들이 유독 많았단다. 하나같이 엄청난 면적의 땅을 소유하고 있었지."

"대지주라면 얼마나 넓은 땅을 가지고 있었는데요?"

"대표적인 지주인 구마모토 리헤이라는 인물은 무려 천만 평이 넘는 땅을 가지고 있었단다. 조선인 소작농만 2만 명이 넘었다고 알려져 있다."

동찬이의 눈이 커질 대로 커졌다.

"처, 천만 평이요? 우리 집 아파트가 서른 평인데. 그럼 얼마나 넓은 거예요?"

"여의도 공원 가 본 적 있니?"

"가끔 갔었어요."

"거기가 대략 7만 평 정도 되니까, 대략 140배 정도 되는 땅을 가지고 있었던 셈이지."

"와! 정말 엄청난 규모였네요."

동찬이가 입을 다물지 못하자 노인호 교수가 씁쓸한 표정을 지으며 말했다.

"전라도에는 구마모토 리헤이 같은 지주들이 꽤 많았단다. 그렇게 수탈된 쌀은 다 일본으로 실어 갔고 말이다."

"그럼 우리나라 사람들은 뭘 먹고 살았는데요?"

"쌀을 다 빼앗겨서 어렵게 살 수밖에 없었단다. 먹고 살기 위해서 일본이나 만주로 떠나는 사람들이 많았지."

노인호 교수의 설명을 들으면서 거리를 둘러보던 동찬이가 문득 생각났다는 표정으로 물었다.

"그런데 여기 군산도 대전처럼 허허벌판인 곳에 일본 사람들이 들어와서 도시를 세운 건가요?"

"원래 군산은 여기에 없었단다."

"그럼요?"

"군산 앞바다에 고군산도가 있었지. 고려 때 군산진이라는 군진, 그러니까 군인들이 지키는 진지 이름이었단다. 그러다 조선 시대 때 군산진을 육지로 옮기면서 이름도 함께 딸려 온 거지."

"이름도 함께 이사를 온 셈이군요."

이사라는 말에 노인호 교수가 빙그레 웃었다.

"그런 셈이구나. 동찬아, 군산에 오면서 다리를 건넌 거 기억하니?"

"네. 그때 금강을 지나간다고 하셨어요."

"잘 기억하고 있구나. 군산은 금강과 바다가 만나는 곳에 있단다. 옛날에는 한적한 어촌 마을이었지. 그리고 조운선이 머물던 곳이라 군산창이라고 불리는 커다란 곡식 창고가 있었다고 하는구나."

"조운선이랑 군산창은 뭐예요?"

"조선 시대에는 세금을 돈 대신 쌀로 냈단다. 그 쌀을 도성으로 운반하는 배를 조운선이라고 불렀지. 당시에는 자동차가 없고 도로도 없었기 때문에 육지로 옮기기는 어려웠어. 그래서 주로 배를 이용했단다. 배로 옮기기 위해서는 해안가 근처에 모아 놓는 게 편했겠지?"

"아무래도 그렇겠네요."

"쌀을 모아 둔 창고들이 있던 곳이 바로 군산창이란다. 서울로 올라온 쌀들을 보관하던 곳이 바로 광흥창이고 말이야."

"그랬군요. 그러니까 군산도 그다지 큰 도시는 아니었다는 거네요. 그런데 어떻게 해서 이렇게 큰 항구 도시가 된 거예요?"

"군산의 운명이 바뀐 건 1899년이었단다."

"그해에 무슨 일이 있었는데요?"

큰길로 나온 노인호 교수는 왼쪽으로 방향을 잡으면서 대답했다.

"개항을 했단다."

"개항이요?"

"항구를 개방했다는 뜻이야. 우리나라 항구에 외국 사람들이 들어와서 머물게 하고, 외국 배들도 드나들 수 있게 하는 거지. 조선은 원래 외국과 교류를 금지하는 쇄국 정책을 취했단다. 그러다가 일본에 의해 강제로 몇 개의 항구들이 개항을 하게 되었는데 군산도 그중 하나였단다."

개항을 했단다. 그것도 강제로!

왜 맨날 강제로 했나요?

"왜 군산을 개항시킨 거예요?"

"금강이 바로 옆에 있어서 내륙으로 배가 드나들 수 있고, 무엇보다 전라도 지역의 곡식들을 모을 수 있는 가장 적당한 위치였기 때문이란다. 아울러 물품들을 수

입할 수 있는 곳이기도 했고 말이야."

"그러면서 일본인들이 들어온 건가요?"

"물론 일본인만을 위해서 개항을 한 것은 아니란다. 혹시 조계지라는 말 들어 봤니?"

"그게 뭔데요?"

"간단하게 이야기하자면 군산 같은 개항장에 외국인들이 머무는 지역을 따로 지정하는 걸 말한다. 그 지역 안에서는 우리나라 법을 적용할 수 없어서 외국인들이 범죄를 저질러도 처벌하지 못하는 곳이지."

"와! 그런 법이 어디 있어요."

동찬이가 분하다는 듯 되물었다.

"지금은 물론 사라졌단다. 하지만 서양 열강이 식민지를 만들던 시절에는 그런 조계지들이 많았지. 군산에도 만들어졌지만 일본인만이 아니라 외국인들이 전부 머물 수 있는 곳이었단다. 그런 곳을 '각국조계'라고 불렀어."

"그럼 외국인이 많이 왔겠네요?"

"대한제국에서는 그걸 기대했지만 안타깝게도 일본인만 왔단다. 다른 외국인이 올 만큼 매력적인 곳이 아닌 데다가 일본인이 워낙 많았기 때문이지."

"일본 사람들은 왜 그렇게 몰려온 건데요?"

"쌀을 가져가기 위해서였지. 당시 일본에도 쌀이 많이 부족했기 때문에 우리나라에서 수입해서 부족한 것을 메우려고 한 것이란다."

"그럼 온통 일본인들 천지였겠네요."

"조계지 안에는 세관과 재판소 같은 것들이 생겼지만 대다수의 조선 사람들은 별다른 혜택을 받지 못했지. 어쨌든 일본인들이 몰려오면서 군산은 점점 커졌고, 항구도 새로 만들었단다."

"항구를요?"

"서해는 밀물과 썰물 때 수면의 높이가 많이 달라진단다. 그래서 어떤 때는 바다였다가 몇 시간 후면 갯벌로 바뀌곤 하지."

"아! 법성포 갔을 때 봤어요. 낮에 갯벌이었다가 밤이 되니까 물이 차오르던걸요."

"군산도 비슷하단다. 거기다 금강에서 흘러오는 흙이 쌓여서 큰 배가 와서 정박하기가 쉽지 않았지. 그래서 갯벌을 메우는 공사를 했단다."

"그렇게까지 한 건 역시 쌀을 가져가기 위해서지요?"

"맞아. 매립 공사까지 하면서 악착같이 쌀을 가져갔지."

"얼마나요?"

"1912년에 10만 석이 조금 넘었는데 1927년에는 147만 석으로 늘었지. 그리고 1934년에는 무려 200만 석에 달했단다. 당시 조선에서 일본으로 가져가는 쌀의 약 20퍼센트는 군산항을 거쳐 갔다고 하는구나."

"진짜 지독하네요."

동찬이가 혀를 내두르자 노인호 교수가 씁쓸한 미소를 지었다.

"혹시 전군가도라는 말, 들어 봤니?"

"아뇨. 그게 뭐예요?"

"전주와 군산을 연결하는 도로란다. 1908년에 우리나라 최초로 만들어진 포장도로지. 전라도 각지에서 모은 쌀을 최대한 빨리 군산으로 옮기기 위해서 만든 거야. 도로뿐만 아니라 철도도 굉장히 빨리 놓였단다. 1912년에 군산선이, 1914년에는 호남선이 개통되었지."

"쌀을 조금이라도 더 많이 가져가기 위해 수단과 방법을 가리지 않았네요."

동찬이와 대화를 나누며 길을 걷던 노인호 교수가 사거리에서 발걸음을 멈췄다.

"자! 여기가 어딘지 알고 있니?"

걸음을 멈추고 주변을 두리번거리던 동찬이가 표지판을 보고 대답했다.

"내항사거리요!"

"뭐가 보이니?"

주변을 두리번거리던 동찬이는 오른편에 뾰족한 지붕을 한 벽돌 건물을 봤다.

"저건 뭐죠?"

"군산 근대건축관이란다. 원래는 조선은행 군산 지점이었지. 반대편에도 비슷한 게 하나 있는데 보이니?"

"네. 왼쪽에도 녹색 지붕을 한 오래된 건물이 보여요."

"저건 군산 근대미술관이지. 저곳도 원래 제18은행 군산 지점이었단다."

"은행들이 많이 있네요."

"주변을 잘 살펴보면 일제 시대 지은 것 같은 건물들이 많이 보일 거다."

노인호 교수의 말을 듣고 내항 사거리 주변을 돌아본 동찬이가 눈을 동그랗게 떴다.

"그러고 보니까 많이 있네요. 이 근처에 일본인들이 많이 살았나 봐요."

"항구 근처여서 그랬지. 몇 개는 다른 곳에 있던 걸 이곳으로 옮겨 오기도 했단다. 이쪽 일대는 볼거리들이 많으니까 천천히 돌아보는 게 나을 거야."

왼쪽은 조선은행 군산 지점이었다가 군산 근대건축관으로 사용 중이고, 오른쪽은 제18은행 군산 지점 건물이었다가 군산 근대미술관으로 사용 중인 건물이다.

고개를 끄덕거리는 동찬이를 보고 노인호 교수가 손을 들어서 왼쪽을 가리켰다.

"저쪽으로 가면 군산 근대역사박물관이 아주 크게 지어져 있단다."

노인호 교수가 가르킨 방향으로 연두색 지붕을 한 특이한 건물이 보였다.

"예쁘게 생겼어요."

"안에도 볼 게 많단다. 들어가 보자."

노인호 교수를 따라 안으로 들어간 동찬이는 입을 딱 벌리고 말았다. 군산의 전경을 담은 흑백 사진이 있었다.

"우아! 사진이 진짜 크네요. 옆에는 등대도 있어요."

군산 내항사거리 근처에 있는 군산 근대역사박물관.
앞에는 군산 지역의 대표 의병장인 임병찬의 동상이 있다.

"어청도 등대 모형이란다. 군산은 바다와 뗄래야 뗄 수 없는 곳이니까 말이다."
전시관 안에는 조선 시대 군산에 있던 창고인 군산창에 대한 설명과 쌀을 날랐던 전통 한선의 모형이 있었다. 그리고 조선 시대 물고기를 잡던 어살을 비롯한 각종 그물의 모형도 있어서 군산의 역사를 한눈에 알 수 있었다. 특히 근대로 접어들면서 개항과 조계지의 설치로 인해 군산이 어떻게 변화했는지도 일목요연하게 보여 주었다. 특히 안에는 일제 식민지 시절 군산에 있던 각종 상점과 인력거, 쌀을 사고팔던 미두취인소를 실물 크기로 복원해 놓았고, 군산역과 학교의 모습도 잘 꾸며 놨다. 덕분에 동찬이는 시간 가는 줄 모르고 돌아봤다. 다 돌아보고 나온 동찬이에게 노인호 교수가 물었다.
"동찬아, 어땠니?"
"예전에 박물관 같은 데 가면 하나도 재미없었는데 지금은 알고 봐서 그런지 아주 재미있었어요."
들뜬 동찬이의 얘기를 들은 노인호 교수가 옆쪽을 가르켰다.
"저쪽에도 군산의 근대사를 상징하는 건물이 하나 있단다. 가 보겠니?"
"어디요? 당장 가요."
"바로 저쪽이다."
노인호 교수가 이야기한 방향으로 뛰어간 동찬이는 건너편의 건물을 보고는 입이 딱 벌어졌다.
"우아! 건물 진짜 예쁘네요."
동찬이는 붉은 벽돌과 파란색 문, 물고기 미늘 같은 동판이 지붕을 덮은 건물을 보고 감탄사를 내뱉었다. 뒤따라온 노인호 교수가 말했다.
"여러 가지 건축 양식이 조화를 이루고 있는 건물이지. 현판에 뭐라고 써 있는지 보이니?"

1908년에 지어진 군산 세관. 유럽풍으로 만들어졌다.

"옛 군산 세관이라고 적혀 있어요. 옛날 세관인가요?"
"1908년에 지어진 건물이란다. 지붕은 고딕 양식*이고 창문은 전형적인 로마네스크 양식*이지. 현관은 영국풍 건축 양식이고 말이다."
"누가 지은 거예요?"
"정확하게 밝혀지지는 않지만 대략 프랑스나 독일 사람이 설계한 것으로 보인다. 저기 쓰인 붉은 벽돌은 전부 벨기에에서 가져온 거고 말이다."
"바다 건너 멀리서 왔네요."
"그래서 더 낯설고 신기해 보이는지도 모르겠구나."

"지금은 세관 건물로 안 쓰나요?"

"오래된 건물이고 문화재라서 호남관세전시관으로 사용 중이지. 들어가 볼까?"

"네!"

힘껏 외친 동찬이는 도로를 건너 전시관으로 들어갔다. 전시물을 돌아보고 나온 동찬이에게 노인호 교수가 말했다.

"이제 내항을 둘러보자꾸나."

신호가 바뀌자 노인호 교수는 횡단보도를 건넜다. 횡단보도를 건너가자 건물들 대신 공원과 주차장으로 쓰는 넓은 공터가 나왔다. 뒤따라가던 동찬이가 말했다.

"그나저나 길이 일자로 쭉 뻗어 있어서 걷기에 참 좋아요."

"새로 도시를 만들면서 일부러 길을 그렇게 낸 거지. 군산은 항구가 커지면서 자연스럽게 도시도 커졌단다."

"얼마나 커졌는데요?"

"1944년에는 인구가 5만 8천 명에 달했지. 그 시기에 부산의 인구가 30만 명이 넘지 않았을 때란다."

"그때로 치면 꽤 큰 편이었겠네요."

"그럼, 하지만 상당수는 일본인들이었지. 그래서 아직 군산 시내에는 일본식 주택이나 사찰들이 많이 남아 있단다."

"어! 저기 오른쪽에 배가 있는데요. 근데 배가 땅에 올라와 있는 거 같아요."

"잘 봤다. 저긴 진포 해양테마공원이란다."

"내항은 어디 있어요?"

"저 앞쪽이다. 잘 보고 따라오너라."

그때부터 노인호 교수는 아스팔트 도로를 내려다보면서 천천히 걸었다. 동찬이는 의

아해하면서도 속도를 맞췄다. 노인호 교수는 마침내 뭔가를 찾았는지 걸음을 멈췄다. 그러고는 동찬이에게 손짓을 했다.

"여기로 와서 바닥을 보렴."

노인호 교수 옆에 선 동찬이는 아스팔트 도로를 바라봤다.

"뭘 보라는 거예요? 아무것도 없는데요."

"자세히 보면 두 선이 가로질러 가는 게 보일 거다."

노인호 교수의 설명을 들은 동찬이는 다시 바라봤다. 그리고 정말 아스팔트 도로 아래를 가로지르는 두 가닥의 선이 보였다.

"어, 진짜 있네요. 이게 뭐예요?"

"옛날 철로란다. 그걸 없애지 않고 그 위에 도로를 만든 거지."

"아하. 항구 근처에 철로가 있는 건 처음 봤어요."

"군산항까지 바로 연결시켜서 그런 거다. 쌀을 실은 열차가 여기까지 들어왔던 거지."

노인호 교수의 설명을 들은 동찬이는 고개를 들어서 항구를 바라봤다.

<u>군산 내항에 있던 철로. 그 위에 도로를 만들면서 흔적이 남았다.</u>

"아픈 역사의 흔적이네요."

동찬이가 중얼거리듯 말하자 노인호 교수가 무거운 표정으로 대답했다.

"잊지 말아야 할 역사이기도 하지. 이제 항구 쪽으로 가 볼까? 보여 줄 게 있단다."

"네. 근데 항구에 배가 안 보여요."

"사실 군산 내항은 이제 항구라고 보기 어렵단다."

"왜요?"

"매립 공사를 했지만 여전히 배를 대기가 어려워서 말이다. 1979년에 외항이 만들어지면서 이제 여기에는 배들이 거의 없어."

"그러면 제게 보여 줄 거란 게 뭔가요?"

노인호 교수가 가리킨 곳에는 난생처음 보는 것이 있었다. 물이 빠진 갯벌에 두 개의 커다란 시멘트 기둥이 있고, 다리가 연결되어 있었다.

"다리가 항구 밖으로 나가 있네요."

"부잔교라고 부르는 다리다."

"왜 저런 걸 만든 거예요?"

"아까 밀물과 썰물 때 물의 높이가 많이 다르다고 했지? 저 다리는 물의 높낮이에 상관없이 화물선에 쌀을 실을 수 있게 만드는 거다."

"어떻게요?"

"다리가 시멘트 기둥에 매달린 채 고정되어 있지 않기 때문이지. 그래서 물이 높아지면 올라가고 낮아지면 내려가는 방식이란다."

"무슨 얘긴지 잘 모르겠어요."

동찬이가 영 모르겠다는 표정으로 말했다.

"직접 올라가 보면 알 수 있을 거야."

군산 내항에 있는 부잔교.
조수 간만의 차를 극복하기 위해 만들었다.

노인호 교수의 말을 듣고 부잔교 위에 올라선 동찬이가 신기하다는 표정을 지었다.

"다리가 진짜 흔들거리네요. 이러면 위아래로 움직일 수 있겠어요. 그런데 이건 언제 만든 거예요?"

"1926년부터 1933년 사이에 세 개가 만들어졌고, 1938년에 하나가 더 만들어졌단다. 지금은 하나가 없어져서 세 개만 남아 있지."

"그럼 이 항구도 그때 만들어진 거겠죠?"

동찬이의 물음에 노인호 교수가 고개를 끄덕거렸다.

"1926년부터 군산항 증축 공사가 시작되었단다. 쌀을 더 많이 가져가기 위해서 항만의 갯벌을 매립하고 부잔교를 설치한 것이지. 그러면서 더 많은 배들이 쌀을 실을 수 있게 되었단다."

노인호 교수의 설명을 들은 동찬이는 부잔교의 난간을 쓰다듬었다. 그리고 무거운 쌀가마니를 짊어지고 부잔교를 오가던 조선 사람들을 말없이 지켜봤을 그 부잔교를 향해 가만히 마음속 말을 전했다.

"잊지 않고 기억할게."

용어 설명

고딕 양식 12세기부터 16세기까지 유럽에서 유행하던 건축 양식으로 높은 천장과 가파른 지붕이 특징입니다. 주로 성당 건축에 많이 사용했는데 노트르담 대성당이 대표적인 고딕 양식 건축물입니다.

로마네스크 양식 중세 유럽의 건축 양식으로 로마의 건축 양식에 이슬람과 게르만의 건축 양식이 혼합된 양식입니다. 두꺼운 벽과 아치형 문이 특징으로 피사 대성당이 대표적인 건축물입니다.

일본이 군산에서 대량의 쌀을 실어간 과정은 미래엔에서 나온 중학교 역사 교과서 2편 53쪽 '산미증식계획'에 나옵니다. 일본은 조선의 쌀 생산량을 늘려서 자기 나라의 부족한 식량 문제를 해결하려고 했습니다.

● 노인호 교수의 알림장

탁류 같은 도시 군산

군산을 대표하는 문인, 채만식

채만식은 군산을 대표하는 문인이지요. 2001년에 군산역 근처에 채만식 문학관이 문을 열었습니다. 군산 근대역사박물관 근처에 있는 미즈카페는 1930년대 지어진 무역 회사의 건물로 2012년도에 현재의 위치로 옮겨 왔습니다. 이곳의 2층에서도 채만식을 만날 수 있지요. 지금은 조선은행 군산 지점이었던 군산 근대건축관의 후문 광장에는 그의 비석이 세워져 있습니다. 채만식의 대표작은 〈탁류〉로 1937년부터 오랫동안 교과서에 실리면서 많은 사람들의 사랑을 받게 됩니다. 그의 소설 속에서는 군산이 자주 등장하며 많은 연구자들의 관심을 끌고 있습니다. 〈탁류〉에는 금강의 모습이 아주 자세히 묘사되어 있습니다. 특히 조용히 흐르다가 강경에 이르면 물이 탁해진다는 표현을 쓰지요. 그리고 여기부터가 금강이라고 말합니다. 단순히 고향 앞을 흐르는 강을 설명한 것이 아니라 일본의 식민지가 된 조선의 혼탁한 모습을 은유적으로 드러낸다고 볼 수 있지요. 한적한 마을이던 군산은 개항 이후 급속도로 발전하지만 모두 일본인의 것이었습니다. 1902년에 태어나서 중앙고보를 졸업하고 와세다 대학 예과에서 공부한 채만식에게는 그런 모습들이 너무나 선명하게 보였을 겁니다. 〈탁류〉는 글자 그대로 혼돈에 빠진 등장인물들의 모습을 통해 당대의 상황을 묘사합니다. 어찌할 바를 모르고 갈팡질팡하는 초봉이나 정 주사, 그리고 고태수의 모습을 통해서 말이죠.

일제 시대의 군산항.
(국립민속박물관 제공)

채만식이 본 군산의 모습은 대다수의 가난한 조선인과 소수의 부유한 일본인들로 갈라져 있습니다. 설령 어느 정도 여유가 있는 조선인이라고 해도 마치 술에 취한 것처럼 갈팡질팡하다가 자멸합니다. 초봉의 아버지 정 주사는 조선인으로서는 드물게 군청에서 일하는 엘리트였지만 쌀을 사고파는 미두 거래에 빠져 가산을 다 써 버립니다. 지금은 군산 근대건축관이 된 조선은행 군산 지점에서 근무하는 은행원 고태수 역시 미두에 빠져 거의 모든 재산을 잃고 맙니다. 정 주사의 아름다운 딸 초봉은 누구의 자식인지 모르는 딸을 낳습니다. 그리고 자신의 딸을 구박하는 남형보를 죽이고 살인자가 됩니다. 마치 출구가 없는 미로처럼, 어디로 흘러가는지 알 수 없는 탁류 같은 인생들은 흡사 조선인들의 절망과 닮았습니다. 그에게 군산은 탁류 같은 도시였고, 식민지 조선을 상징하는 것이었습니다. 결국 채만식 역시 탁류에 휩쓸려 갑니다. 한때 천도교에서 운영하는 출판사인 개벽사에 들어가 〈새벽〉이나 〈별건곤〉 같은 잡지의 편집을 맡으며 은연중에 저항에 대한 의지를 드러내던 그가 친일 문학인의 길을 걷게 된 것입니다. 그것은 갈 길을 잃고 방황하던 지식인들이 스스로 자멸한 채 친일파가 되는 과정과 비슷합니다. 〈탁류〉의 연재가 끝난 다음에 조선일보에 연재한 〈치숙〉에서는 사회주의 운동을 해서 투옥되었다가 풀려난 아저씨를 보는 '나'의 이야기가 담겨 있습니다. 세상 물정 모르고 이상한 사상에 빠져서 주변 사람들을 고생만 시키는 아저씨와는 달리 '나'는 약삭빠르게 세상을 살아갈 준비가 되어 있습니다. 그래서 일본인 밑에서 열심히 일하고 일본 여인과 결혼하는 현실적인 꿈을 꿉니다. 여기서 나오는 아저씨의 모습은 아마 상당 부분 채만식의 심경과 비슷하지요. 똑똑하기 때문에 자멸할 수밖에 없는 식민지 조선의 지식인처럼 말이죠. 채만식은 고향인 군산 앞에 흐르는 금강의 탁류를 보면서 절망적인 현실 어디에도 출구가 없다고 느꼈을지도 모릅니다. 그래서인지 채만식은 〈치숙〉의 발표 이후 본격적인 친일 문학인의 길을 걷습니다.

● 동찬이의 내비

◎ 내항 사거리 일대에는 군산 근대역사박물관을 비롯해서 볼 만한 전시관들이 많이 있어요. 내항 사거리에서 군산 근대건축관과 군산 근대미술관을 보고, 군산 근대역사박물관으로 가면 됩니다. 군산 근대역사박물관 옆에는 호남 관세전시관으로 쓰는 옛날 군산 세관도 꼭 보아야 합니다. 다 둘러봤으면 바닷가로 가세요. 거기가 바로 군산 내항인데요. 이곳에서는 조수 간만의 차가 심할 때도 배에 짐을 싣고 내릴 수 있는 부잔교를 볼 수 있습니다. 그밖에도 둘러볼 곳이 많은데요. 군산 근대미술관 근처에 있는 카페 미즈는 일본식 가옥을 그대로 쓰고 있습니다. 2층에는 군산이 자랑하는 소설가 채만식에 관한 작은 전시관도 있답니다. 게스트 하우스인 고우당에서 한 블록 정도 떨어진 곳에 유명한 히로쓰 가옥이 있습니다. 신흥동 일본식 가옥이라고도 불리는 이곳은 일본의 전통 주택 양식을 볼 수 있는 곳이죠. 안타깝게도 요즘은 내부 개방이 안 된다고 합니다.

5. 광주

치평리 비행장과 광주학생독립운동 기념관

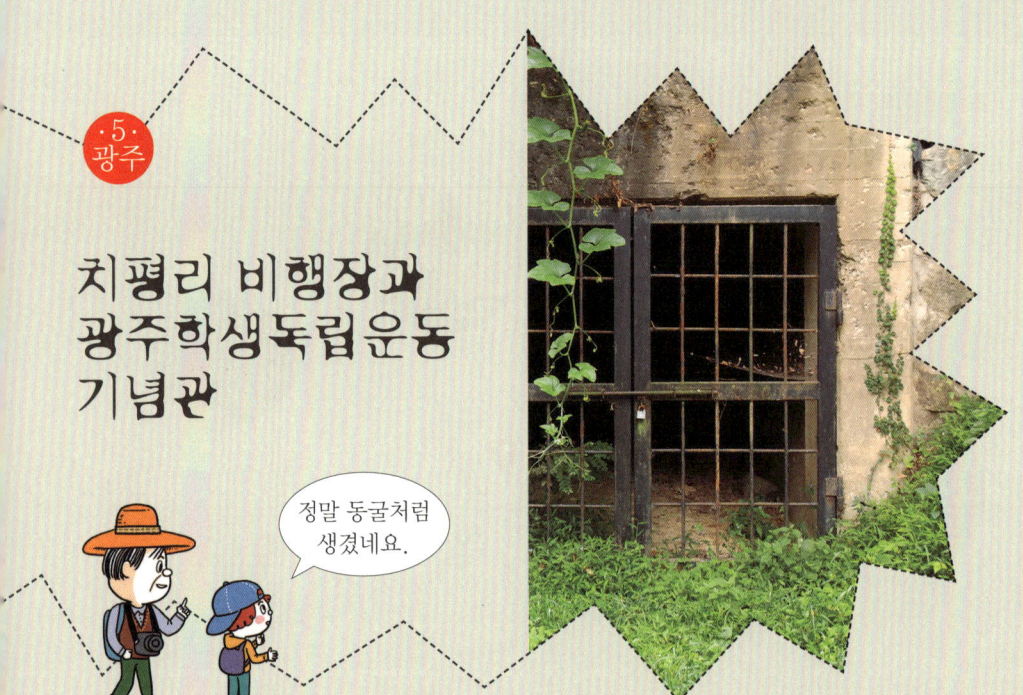

"정말 동굴처럼 생겼네요."

"예전에는 오래 걸렸던 것 같은데 KTX 타니까 광주도 금방 오네요."
광주송정역에 내린 동찬이가 말했다. 그러자 뒤따라 내린 노인호 교수가 대답했다.
"응. 광주송정역이 광주 시내가 아니긴 하지만 지하철로 연결되어 있어 금방 갈 수 있는 장점도 있지."
"그런데 오늘 갈 곳이 광주학생독립운동기념관이라고 하셨죠?"
에스컬레이터에 탄 동찬의 물음에 노인호 교수가 되물었다.
"동찬이는 광주학생운동에 대해서는 좀 알고 있니?"
"알아요! 1929년에 광주 지역에서 조선 학생들과 일본 학생들이 충돌한 것이 계기가 되어서 전국적인 일어난 시위를 말하는 거잖아요."

"제법이구나."

노인호 교수의 칭찬에 동찬이가 뒷머리를 긁적거리며 말했다.

"실은 오기 전에 인터넷에서 찾아봤어요."

"아주 훌륭한 자세구나. 탐험을 떠나기 전에는 사전 조사가 꼭 필요하거든. 아는 만큼 보인다고 하잖니. 광주학생운동이 정확하게 시작된 날짜는 1929년 6월 26일 광주 운암역에서였어. 학생들이 탄 열차 안에서 일본인 학생이 조선인 학생 들으란 듯이 험담을 했지."

"뭐라고요?"

"조선인들이 무례하고 야만스럽다고 말이다."

"에이, 도발하는 것도 아니고."

두 사람은 이야기를 주고받으면서 광장으로 나왔다. 광장 한쪽에는 지하철 출입구가 있었다. 그곳으로 내려간 노인호 교수는 승강장에서 지하철을 기다리면서 이야기를 이어갔다.

"열차 안에 있던 광주고등보통학교 학생들이 항의하면서 소동이 벌어졌다가 곧 가라앉았지. 소동은 금방 마무리가 되었지만 곧 광주 시내에 있는 학교에 소문이 퍼지고 말았단다."

"그게 시작이 되었네요."

"맞아. 그해 10월 30일에 나주역에서 큰 사건이 벌어졌어. 일본인 학생들이 조선인 여학생의 머리카락을 잡아당기면서 희롱을 했던 거야. 그걸 본 조선인 학생들이 항의를 하면서 싸움이 일어났단다. 일이 더 커진 건 일본 경찰 때문이었다."

"경찰이 왜요?"

"싸움을 말려야 할 그들이 오히려 조선인 학생들만 붙잡아다가 때렸기 때문이지."

"시비를 걸었던 건 일본인 학생들이었는데 오히려 조선인 학생들만 처벌했다고요?"
동찬이가 어이가 없다는 듯 묻자 노인호 교수는 허허 웃었다.
"당연히 조선인 학생들은 가만히 있지 않았지. 다음 날 광주역에서는 양쪽 학생들이 대규모로 모여서 치고받으며 싸웠지. 이후 11월 3일에는 조선인 학생들이 광주 시내에 모여서 항의 시위를 벌였단다."
"우아! 조선 학생들 멋지다."
두 사람의 대화는 지하철이 들어오면서 잠시 멈췄다. 대화는 지하철에서 이어졌다. 자리에 앉은 동찬이가 궁금하다는 표정으로 물었다.
"그래서 어떻게 됐어요?"
"일본 경찰과 학교 당국은 시위에 나선 조선인 학생들을 처벌하고 퇴학시켰지. 하지만 그 소식을 들은 나주와 목포 지역의 학생들이 들고 일어났고, 경성에서도 시위가 벌어졌단다. 전국을 다 합쳐서 200여 개 학교의 5만 4천 명에 달하는 학생들이 참여했지."

우아, 전국적으로 엄청난 규모의 시위였네요!

광주학생독립운동기념관 전시물. 광주학생운동은 전국으로 퍼져 나갔다.
(광주학생독립운동기념관 제공)

"엄청난 숫자였네요."

동찬이의 입이 떡 벌어졌다.

"1919년에 일어난 3·1 만세 운동 이후 가장 큰 규모의 시위였단다. 이 시위가 특별했던 점이 뭔지 아니?"

"학생들이 주도했다는 거겠지요?"

"그것도 있지만 당시 시위에 참여한 학생들이 일제 강점기 이후에 태어났다는 거야. 1929년에 고등학생이었다면 1910년 한일 강제 병합 이후에 태어난 세대들이야. 어려서부터 일본식 교육을 받았지만 조선인으로서의 자긍심을 잃지 않았다는 점을 눈여겨봐야 하지."

"듣고 보니까 그러네요."

"그런 저항 정신을 기리기 위한 기념관이 있단다."

"오늘 가는 곳이 거기지요?"

동찬이의 질문에 노인호 교수가 애매한 표정을 지었다.

"거기이기도 하고 아니기도 하지. 그 전에 먼저 들를 곳이 있단다."

가방을 들고 일어난 노인호 교수가 먼저 지하철에서 내렸다. 뒤따라 내린 동찬이는 전철역 이름을 힐끔 보았다.

"김대중컨벤션센터 역이네요."

"여기서 조금 걸어가면 오늘 가야 할 곳이 나온다."

지하철역을 나온 노인호 교수는 상무대로 입구 삼거리까지 쭉 걸어갔다. 그리고 왼쪽으로 꺾어서 계속 걸었다. 상무공원로라는 이름이 붙은 6차선 도로는 중간에 한번 꺾인 것을 제외하고는 곧게 뻗어 있었다.

상무공원로의 모습. 아파트와 교회가 들어섰지만 예전에는 치평리 비행장의 활주로로 쓰였다.

말없이 걷던 노인호 교수가 전남고등학교 후문 즈음에서 걸음을 멈췄다.

"여기다."

주변을 돌아본 동찬이가 어리둥절한 표정으로 물었다.

"교수님, 여긴 그냥 도로인데요?"

"그렇지. 하지만 원래는 치평리 비행장의 활주로였단다."

"정말이요? 주변에는 아파트와 학교가 있으니까 상상이 안 되네요. 언제 비행장이 있었던 건데요?"

"처음 세워진 건 1929년이었어. 비행 연습을 할 수 있는 작은 비행장이 만들어졌지."

"비행장이면 도시에서 좀 떨어져 있어야 하지 않아요? 여긴 시내 한복판이잖아요."
"그건 지금 얘기고. 예전에는 광주 시내가 아니라 치평리라고 부르는 시골 마을이었단다. 광주와 가깝고 넓은 평야라서 비행장이 들어선 거지. 그러다가 1930년대 후반 일본이 중국과 전쟁을 벌이면서 비행장이 확장되었단다. 그때 강제로 동원된 조선인 인부가 사망하는 일이 벌어지기도 했지."
"아, 군대가 쓰던 비행장이었군요."
"민간에서도 사용했단다. 체신국에서 항공 우편용 비행장으로 썼고, 일반 여객 운송도 했지."
"1930년대에 여객기가 있었다고요? 당시에도 비행기를 타고 다니던 사람들이 있었나요?"
지나가는 차를 바라보던 동찬이가 믿기지 않는다는 듯 물었다.
"지금처럼 큰 비행기는 아니지만 승객을 태운 여객기가 경성과 이리를 거쳐서 광주까지 왔었지. 신용욱*이라는 사람이 세운 조선항공회사 소속의 비행기였단다."
"우아! 신기해요."
"근대화가 시작된 시기였으니까, 일제의 탄압 속에서도 미래를 향해 움직인 사람들이 많단다. 태평양 전쟁이 막바지에 이를 무렵에는 광주 해군 비행대가 이곳에 주둔했어."
"광복 이후에는 어떻게 되었나요?"
"미군이 접수했다가 이후 창설된 우리 국군이 물려받았어. 그리고 한국전쟁이 한창이던 1952년에 이곳에 상무대가 세워졌단다."
"상무대요? 그게 뭔데요?"
"일종의 군대 학교 같은 거지. 전국에 흩어져 있던 병과 학교들을 여기에 모았어. 그러면서 치평리 비행장이라고 불렸던 이곳도 자연스럽게 상무대 비행장으로 불리게 되었단다."
"그럼 최근까지 비행장이 있었군요."
"1995년에 상무대의 병과 학교들이 전남 장성군으로 이전하면서 상무대는 광주시에 반환되었단다. 광주시는 이곳에 아파트를 짓고 학교를 옮겼어. 활주로는 그대로 도로가 되었고 말이다."
"아, 그래서 이곳이 도시가 되었군요."
"넓은 평지라서 아파트를 비롯한 건물들을 세우기 편했으니까. 하지만 이곳은 조선인들을 강제로 동원했던 곳이기도 하다는 걸 생각하면 좋겠어."
"표지석이라도 남아 있었으면 나았을 텐데요."
동찬이가 아쉽다는 듯 말했다.
"중요한 건 기억을 해야 한다는 거지. 이제 기념관으로 가자."
"네."
노인호 교수가 손을 들자 지나가던 택시가 섰다. 뒷좌석에 탄 노인호 교수가 동찬이가 타는 걸 보고는 기사에게 말했다.
"화정동에 있는 광주학생독립운동기념관으로 가 주세요."
"네. 알겠습니다."
택시에 탄 동찬이는 창 밖의 풍경을 물끄러미 바라봤다. 두 사람이 말이 없자 룸미러를 힐끔 본 기사가 노인호 교수에게 말을 건넸다.
"손자 데리고 가시는 겁니까?"
"그런 셈이지요."
"보기가 좋습니다."
기사와 이런 저런 얘기를 나누는 동안 택시가 도착했다. 약간 오르막인 도로 끝에 하

광주학생독립운동기념관에 높이 서 있는 기념탑.

늘로 높이 솟은 기념탑이 보였다. 그걸 본 노인호 교수가 말했다.

"여기 세워 주세요."

"아, 아직 다 안 왔는데요."

의아하게 생각하는 기사의 말에 노인호 교수가 고개를 저었다.

"기념탑을 보기 전에 먼저 봐야 할 게 있어서 말이지요."

멈춰선 택시에서 내린 노인호 교수와 동찬이가 내렸다. 노인호 교수는 주변을 두리번거렸다. 뒤따라 내린 동찬이가 물었다.

"뭘 찾으세요?"

"학예사와 이곳에서 만나기로 했거든. 아, 저쪽에 있구나."

길 건너편에서 누군가 손을 드는 게 보였다. 노인호 교수가 다가가자 상대방이 인사를 했다.

"안녕하세요. 노인호 교수님이시죠?"

"아, 안녕하세요. 바쁘실 텐데 시간 내 주셔서 고맙습니다."

"제가 할 일인걸요. 자, 이쪽으로 오시죠."

인사를 나눈 학예사가 도서관 뒤편의 산책로로 두 사람을 안내했다. 엉뚱한 곳에 들어서자 동찬이가 노인호 교수에게 물었다.

"지금 어디 가는 거예요?"

"동굴."

"이런 곳에 동굴이 있다고요?"

"자연적으로 생긴 동굴이 아니라 사람이 만든 동굴이 있어."

발걸음을 멈춘 학예사가 두 사람을 돌아봤다.

"저기에 첫 번째 동굴이 있네요."

학예사가 가리킨 곳에는 쇠창살로 된 철문으로 잠겨 있는 동굴이 보였다. 입구 주변

기념관의 도서관 뒤편에 있는 일제 군사 시설 입구.
콘크리트로 입구 주변을 단단하게 보강했다.

과 안쪽 모두 콘크리트로 단단하게 보강을 한 동굴이어서 한눈에 봐도 엄청 튼튼해 보였다. 오랫동안 발걸음이 닿지 않았는지 주변은 수풀이 우거졌고, 넝쿨이 입구까지 드리워졌다. 동찬이가 눈을 떼지 못하는 걸 본 학예사가 말했다.

"가까이 가서 봐도 된다."

한걸음에 달려간 동찬이는 쇠창살 사이로 동굴 안을 들여다봤다. 아치형으로 된 동굴 내부는 중간에 무너진 흔적이 있었고, 반대편 끝에서는 작은 빛이 들어왔다.

"꽤 기네요."

동찬이의 물음에 노인호 교수가 어둠을 바라보면서 대답했다.

"대략 50미터 정도 되지만 원래는 더 길었을 것으로 보인다."

"벽과 천장이 모두 콘크리트로 되어 있어요."

"지금이야 흔하지만 예전에는 비싼 재료였어. 그 비싼 걸 잔뜩 썼다는 얘기는 여기에 아주 중요한 걸 보관했다는 의미 아니겠니? 안에 들어가서 살펴보자."

"우리도 들어갈 수 있어요?"

동찬이가 묻자 학예사가 열쇠로 문을 열어 주었다.

"너무 깊숙이 들어가지는 마세요. 중간이 무너져 내려서 위험합니다."

군사 시설의 내부 모습.
벽과 천장을 콘크리트로 만들었다.

이런 곳에 동굴이라니.

동굴 안으로 들어선 동찬이는 벽과 천장을 바라보았다.

"교수님, 여기 뭘 붙인 흔적이 있어요."

"콘크리트를 바르고 널빤지를 붙여서 굳힌 흔적이란다. 제주도의 알뜨르 비행장의 격납고와 지하 군사 시설에서도 비슷한 흔적을 볼 수 있지."

"높이도 꽤 되네요."

천장을 바라보던 동찬이가 묻자 노인호 교수가 고개를 갸웃거렸다.

"대략 3~4미터 정도 될 것 같구나."

"근데 왜 천장을 아치형으로 만든 거예요?"

"정확한 이유는 모르지만 아마 공습 때문인 것으로 보인다."

"공습이요?"

공습이라는 말에 동찬이의 눈이 동그래졌다.

"아치형으로 만들면 공습을 받을 때 압력을 잘 견딜 수 있거든. 그래서 입구도 상당히 두껍게 해 놨지."

"근데 이곳에 뭘 보관하려고 이렇게 튼튼하게 만든 건가요?"

"아쉽게도 그에 대해서는 남아 있는 기록이 없어. 이 동굴의 존재가 알려진 것도 비교적 최근이었고 말이다."

노인호 교수의 설명을 들은 동찬이가 동굴 안을 두리번거리기 시작했다.

"혹시 아까 본 치평리 비행장과 관련이 있지 않을까요? 비행기에 쓸 연료 같은 걸 보관했을 수도 있잖아요."

"그렇긴 한데 여기서 치평리 비행장까지는 2킬로미터가 넘어. 무엇보다 중요한 건 이 동굴 같은 군사 시설을 만들기 위해서 조선인들을 강제로 끌고 와서 일을 시켰다는 것이지."

"왜 자기네들 전쟁에 우리나라 사람들을 끌어다가 일을 시켰나 몰라요."
동찬이가 억울하다는 듯 말했다.
"일본의 식민지였으니까. 나중에는 아예 우리나라 사람의 성과 이름을 일본식으로 바꾸고 강제로 군대로 끌고 가려고 했단다."
"정말 어처구니가 없어요."
동찬이의 얘기를 들은 노인호 교수가 머리를 쓰다듬어 주었다.
"동찬아, 이제 다른 동굴 보러 갈래?"
"이런 동굴이 또 있어요?"
"안쪽에 두 개 더 있단다."
동굴 밖으로 나온 동찬이는 노인호 교수를 따라 산책로를 거슬러 올라갔다. 얼마 떨어지지 않은 곳에 두 개의 동굴이 서로 마주 보고 있는 게 보였다. 첫 번째 동굴처럼 쇠창살로 된 철문이 달려 있었고, 주변을 콘크리트와 큰 돌로 단단하게 보강한 흔적이 보였다. 한걸음에 달려간 동찬이는 안을 들여다봤다.
"여긴 훨씬 길어 보여요."
"70~80미터 정도는 될 거야. 우리가 아까 본 것도 중간에 잘리지 않았다면 이 정도 길이였을 거고 말이야."
"중간에 잘렸다고요?"

두 번째와 세 번째 군사 시설. 역시 **콘크리트**를 사용했다.

군사 시설 내부 모습. 널빤지를 이용해서 콘크리트를 굳힌 흔적을 볼 수 있다.

"직접 보면서 얘기하는 게 좋겠다. 따라오렴."
산책로를 벗어난 노인호 교수는 기념탑으로 향했다. 그러다가 걸음을 멈추고 길 옆에 만든 화단 사이를 가리켰다. 거기에는 환기창이 달려 있었다. 한쪽 무릎을 꿇고 환기창을 살핀 동찬이가 노인호 교수에게 물었다.
"교수님, 이건 뭐예요?"
"아까 첫 번째 동굴에서 멀리 보이던 빛 기억나니?"
"네."
"그게 바로 여기서 나오던 거야. 원래는 더 길었는데 기념탑으로 가는 도로를 만드느라 끝 부분이 잘린 거지."
노인호 교수의 얘기를 들은 동찬이는 시선을 돌렸다. 산으로 향하는 계단 위로 푸른 하늘을 향해 쭉 뻗은 기념탑이 보였다.
"그러고 보니 일본에 저항했던 것을 기념하는 장소에 일본군이 만든 군사 시설이 남아 있었네요."
"역사가 주는 아이러니지. 요즘 애들은 그걸 뭐라고 부르던데?"
"아, 웃프다라는 말이요?"
"그래. 정말 웃픈 일이지."
뒤따라온 학예사와 인사를 나눈 노인호 교수가 동찬이의 어깨에 손을 올렸다.
"이제 기념탑으로 가자."
"네."
뾰족하게 솟은 기념탑은 파란 하늘과 잘 어울렸다. 계단을 올라갈수록 주변이 고요해지자 동찬이는 자기도 모르게 옷깃을 여몄다. 계단을 다 오르자 기념탑 좌우에 동상들이 보였다. 기념탑 앞에 도착하자 노인호 교수가 숨을 고르면서 말했다.

"우리가 올라온 계단이 몇 개인 줄 아니?"

"아뇨, 세 보질 않아서."

"113개란다. 광주학생운동이 처음 시작된 11월 3일을 기리는 뜻이지."

"지금의 고등학생이면 많아 봤자 10대 후반일 텐데 대단하네요."

"나이가 모든 걸 결정하지는 않으니까 말이다."

노인호 교수가 대견하다는 듯 어깨를 토닥거렸다. 동찬이는 기념탑 앞에 섰다. 그리고 그날 용감하게 저항한 학생들을 떠올리면서 두 손을 모으고 고개를 숙였다.

용어 설명

신용욱 일제 강점기의 비행사 겸 사업가입니다. 1922년 일본으로 유학을 가서 비행기 조종술을 배웠고, 미국으로 건너가서 조종사 면허를 땄습니다. 이후 귀국해서 조선비행학교를 세우고 비행기 조종사를 키웠습니다. 항공 사업에도 발을 내디뎌서 조선항공회사를 세웁니다. 하지만 태평양 전쟁 시기 일본에 협력하면서 친일파가 되었고, 해방 이후에는 반민특위에 체포되기도 합니다. 이후 항공 회사를 운영하면서 정치인으로 활동하다가 1961년 사망합니다.

광주학생독립운동에 관한 내용은 미래엔 중학교 역사 교과서 2편 56쪽에 상세하게 나옵니다. 6·10 만세 운동과 함께 설명이 되어 있고, 아래 칸에는 학생운동의 전개 과정과 의의를 잘 설명해 놓고 있지요.

● 노인호 교수의 알림장

강제 동원의 흔적이 남아 있는 곳

정체불명의 군사 시설인 이곳을 만들기 위해서 조선인들이 강제 동원되었습니다. 일제 시대 강제 동원이라고 하면 일본이나 사할린 같은 곳으로 끌려간 것만을 생각하는 경우가 많습니다. 하지만 적지 않은 숫자의 조선인들이 제주도를 비롯해서 살던 곳과 다른 지역으로 끌려갔습니다. 앞서 살핀 동굴 역시 마을 노인들의 증언에 따르면 강제 동원된 사람들이 와서 만들었다고 전해집니다. 그러니까 이 동굴은 일제가 전쟁을 대비하기 위해 만든 군사 시설이면서 동시에 강제 동원 피해자의 흔적이 남아 있는 곳이기도 합니다. 우리 땅에 남은 상당수의 일제 군사 시설은 강제 동원자들에 의해 만들어졌다는 증언이 남아 있습니다. 전쟁에 동원한다는 명목으로 끌려온 이들은 가혹한 노동과 배고픔에 시달려야만 했습니다. 지금까지 전해지는 강제 동원 관련 증언에는 공통점이 있습니다. 바로 배가 고팠다는 것과 일이 힘들었다는 것, 그리고 수시로 일본인 감독관이나 군인들에게 구타와 매질을 당했다는 것입니다. 이곳 역시 별다른 기록을 찾아볼 수는 없지만 일본군의 감시 하에 조선인 노동자들이 피땀 흘려 만들었다는 점을 잊어서는 안 될 것입니다.

● 동찬이의 내비

◉ 지금은 6차선 도로가 된 치평리 비행장은 광주송정역에서 광주 지하철 1호선을 타고 김대중컨벤션센터역에서 내리면 돼요. 6번 출구로 나와서 쭉 직진해서 상무대로 입구 삼거리까지 가서 다시 왼편으로 가면 됩니다. 전남고등학교와 상무우미1차아파트 단지 사이가 바로 비행장 활주로였던 도로예요. 상무공원로라는 이름을 가지고 있지요. 여기서 광주학생독립운동기념관까지는 교통편이 애매하니까 택시를 이용하는 게 좋아요. 일본이 만든 군사 시설인 동굴은 광주학생독립운동기념관 도서관의 뒤편 산책로에 있습니다. 안전을 위해 지금 폐쇄되어 있어서 들어가 볼 수는 없지만 쇠창살 사이로 내부를 들여다볼 수는 있답니다.

·6· 부산
기장 광산 마을

"오래된 흔적이 엿보이네요."

따사로운 햇살이 비쳤다. 차에서 내린 동찬이는 팔각정을 지나 마을 회관 쪽으로 걸어갔다. 뒤따라 내린 노인호 교수가 천천히 걸어오면서 앞서가는 동찬이에게 물었다.
"그런데 표정이 많이 어둡구나. 무슨 일 있었니?"
"사실은…… 학교에서 말다툼이 좀 있었어요."
동찬이의 표정을 살펴본 노인호 교수가 길 옆에 있는 팔각정을 가리켰다.
"저기 앉아서 얘기 좀 하다 갈래?"
"네."
팔각정에 앉은 노인호 교수는 가방에서 물을 꺼내 동찬이에게 건넸다. 물을 한 모금 마신 동찬이가 조심스럽게 입을 열었다.

"친구 중에 한 명이 책에서 봤다면서 '식민지 근대화론'이라는 걸 알려 줬어요."

동찬이의 말을 들은 노인호 교수가 가만히 고개를 끄덕거렸다.

"그 친구 얘기가 일본이 우리나라를 식민지로 삼은 건 나쁜 일이지만 덕분에 철도도 깔아 주고 학교도 지어 줘서 지금 잘살 수 있게 된 거래요."

"그래서 너는 뭐라고 했니?"

"일단 일본이 나쁘다고 했어요. 그런데 걔가 하는 말을 어떻게 반박해야 할지 모르겠더라고요. 거기다 철도랑 학교보다 더 중요한 걸 알려 줬다고도 했어요."

"그게 뭔데?"

"법률을 정해서 재판을 하는 것이요. 그리고 공장을 지어서 상품을 생산하는 것도 알려 줬대요. 원래는 없었는데 일본이 우리에게 가르쳐 주면서 자리 잡을 수 있게 되었다고 했어요."

"그랬구나. 동찬이 네 생각은 어떠니?"

"반박을 했는데 걔가 도표랑 그래프를 보여 줬어요. 경제 성장률인가 뭔가 하는 거랑 유아 사망률, 그리고 문맹률 같은 것이요. 일제 시대 내내 좋아졌다면서 일본의 지배가 큰 도움이 되었다고 하더라고요. 워낙 조리 있게 이야기하니까 우리 반 애들도 그쪽으로 많이 기울었어요."

동찬이의 하소연을 듣고 곰곰이 생각하던 노인호 교수가 입을 열었다.

"사실 학계에서도 의견이 나뉜단다. 일본의 식민 지배가 도움이 되었다고 하는 쪽도 없진 않지."

"그럼 걔 얘기가 사실인 건가요?"

노인호 교수는 동찬이의 물음에 고개를 저었다.

"학설이 있다고 다 사실은 아니란다. 식민지 근대화론과 반대되는 학설도 있으니까."

"그게 뭔데요?"

"내재적 발전론 또는 자본주의 맹아론이라고 부른다."

"어려운 말이네요. 어떤 내용인가요?"

"조선 후기에 접어들면서 자본주의로 갈 수 있는 여러 여건이 만들어졌단다. 상업이 발달하면서 화폐가 사용되고, 신분제가 흔들리면서 돈을 번 중인이나 평민이 늘어났지. 이들은 양반의 문화와는 다른 자신들만의 독특한 문화 생활을 즐기기도 했단다. 그러니까 일본의 식민지가 되지 않았다면 단계별로 발전할 수 있었다는 학설이지."

"교수님 생각은 어떠세요?"

질문을 받은 노인호 교수는 고개를 돌려서 마을 회관 쪽을 바라봤다.

"동찬아. 오늘 갈 곳 이름이 왜 광산 마을인 줄 아니?"

"광산이 있어서 그런 거 아니에요?"

"그래. 정확하게는 구리 광산이지. 원래 청동기 시대부터 구리를 채굴했던 곳이야. 그러다가 1930년에 일본의 스미토모 광업주식회사가 광업권을 얻어서 본격적인 개발에 나섰지. 저 마을은 그때 광산에서 일한 사람들이 머물던 곳이란다."

"예전에 갔던 부평 삼릉 마을의 줄사택과 비슷하네요."

"그때는 공장이었고, 지금은 광산이라는 점이 다르구나. 어쨌든 강제 동원과 관련이 있는 곳이다. 한 바퀴 둘러보고 이야기하자."

"네."

팔각정을 나온 동찬이는 마을 회관 쪽으로 걸어갔다. 마을 회관 뒤편으로 산에서 내려오는 하천이 보였다. 하천 위로는 마을로 들어가는 다리가 놓여 있었다.

다리를 지나 마을로 들어간 동찬이는 주변을 두리번거렸다. 산자락에 자리 잡은 마을은 크고 작은 집이 옹기종기 모여 있었다. 마을을 살펴본 동찬이에게 뒤따라온 노

일광광산 마을 입구. 하천 너머에 마을이 보인다.

인호 교수가 말했다.

"보통 마을이랑 좀 다르지?"

"많이 다른데요. 담장도 없고, 집들이 너무 빽빽하게 붙어 있어요."

"다른 게 또 뭐가 있을까?"

"모양도 좀 이상하고 되게 낡았네요."

"그건 오래된 집들이라 그렇단다."

"부평 삼릉 마을이랑 대전 소제동에서 본 거랑 비슷해 보여요."

"한옥이 아니라 일본식 주택이라서 그래."

"그럼 여기도 일본 사람들이 지은 마을인가요?"

"맞아. 정확하게는 조선인 광부들이 머물던 사택이지."

"그 광부들이 광산에서 일한 거군요."

"맞아. 천천히 돌아보자."

동찬이는 노인호 교수의 뒤를 따라 광산 마을을 살펴보았다. 다닥다닥 붙어 있는 집들은 조금씩 모양이 달랐다. 페인트칠 색깔이 다르기도 했고, 벽에 붙인 합판의 모양이 조금씩 다르기도 했다. 특히 슬레이트나 강철 기와로 바꾼 지붕들이 적지 않은 변화를 가져왔다. 지붕과 처마를 노란색으로 칠한 집도 있었다. 야트막한 집과 좁은 골목길을 오가면서 꼼꼼히 살펴보던 동찬이가 노인호 교수에게 말했다.

"그런데 교수님. 사람들이 살기에는 집이 너무 작은데요."

"참 작지? 그나마 지금은 한 채에 한 가구가 들어가 있지만 예전에는 한 채에 여러 명이 살았단다."

"아휴, 진짜 힘들었겠네요."

"저 위쪽으로 가 보자. 거기에 광산 사무실이 있거든."

광산 마을에 있는 다양한 일본식 주택과 골목길 풍경.

노인호 교수는 마을 위쪽에 있는 사무실로 향했다. 중간에 오래된 건물을 발견한 동찬이가 걸음을 멈췄다. 가로로 길게 붙은 널빤지 벽은 군데군데 부서져서 슬레이트나 합판 같은 것을 여기저기에 붙여 놓았다. 그렇게 해 놓고도 막지 못한 곳에는 흙으로 만든 벽이 보였다. 흙벽 안에는 대나무가 얼기설기 엮어져 있었다.

"이건 엄청 오래된 건가 봐요."

동찬이의 물음에 노인호 교수가 고개를 갸웃거렸다.

"그렇지? 아마도 창고로 썼던 모양이다."

조금 더 올라가자 길 양옆에 콘크리트로 만든 기둥이 나란히 서 있는 게 보였다. 그걸 본 동찬이가 말했다.

"여기가 광산 입구였던 것 같아요. 사무실은 어디 있어요?"

"저기 오른쪽에 보이는 게 사무실이야."

세월의 흔적이 고스란히 드러나는 창고의 벽.
널빤지와 슬레이트 사이로 벽체 내부의 흙과 대나무를 엮은 것이 보인다.

스미토모에서 운영하던 광산으로 들어가는 입구.
콘크리트 기둥 사이로 철문 같은 것이 있었을 것으로 보인다.

커다란 나무 뒤편에 건물이 보였다. 아래 마을에 있던 집들보다 몇 배는 큰 것 같았다. 일자형 건물에 현관이 튀어나와 있는 형태였다. 잠시 숨을 몰아쉰 동찬이가 사무실을 바라봤다.

"꽤 크네요."

"사무실이니까 크게 만든 듯하지? 광산은 저 위쪽인데 지금은 폐쇄되어서 더 이상 올라가지 못한단다."

노인호 교수의 설명을 듣던 동찬이가 뭔가를 보고 피식 웃었다.

"아래쪽에 벽화가 그려져 있네요."

돌로 만든 기단과 넝쿨이 그려진 벽화는 꽤 자연스러웠다. 사무실 건물을 살펴보던 동찬이는 현관의 지붕에 달린 기와에 시선이 멈췄다. 동찬이의 시선을 읽은 노인호 교수가 말했다.

"아마 스미토모 광업의 로고이지 않을까 싶다."

일광광산을 운영한 스미토모 광업의 사무소 건물.(위)
현관의 지붕 위에는 스미토모 광업의 로고로 보이는 장식 기와가 아직 붙어 있다. (아래)

"그런데 여기랑 강제 동원이랑 무슨 상관이에요?"

"깊은 관련이 있지. 동찬이는 강제 동원이 뭐라고 생각하니?"

"일본이 우리나라 사람들을 외국으로 강제로 끌고 가서 일을 시킨 거잖아요."

"왜 그런지는 알고 있니?"

"전쟁 때문이라고 들었어요."

동찬이의 이야기를 들은 노인호 교수가 흐뭇한 표정을 지었다.

"동찬이도 제법 많이 아는구나. 일본은 조선을 집어삼키고 나서도 만족하지 못하고 중국을 차지할 욕심을 부렸단다. 그래서 1931년에 만주 사변을 일으켰고, 1937년에는 중일 전쟁*을 벌였단다."

"그게 태평양 전쟁까지 이어졌으면 엄청 오래 싸운 거네요."

"전쟁이 길어지면서 인력과 물자가 소모되자 일본은 조선인들을 동원했어. 그동안 온갖 차별을 하면서 2등 국민 취급하더니 자기들이 급하니까 끌어들인 거지."

"어이가 없네요."

동찬이가 한마디 하자 노인호 교수도 피식 웃었다.

"일본은 1938년에 국가 총동원법이라는 것을 발령한단다. 한마디로 전쟁에 필요한 인원과 물자를 마음대로 국가에서 동원하겠다는 뜻이지. 그러면서 행정 관청이 나서서 조선 사람들을 조직적으로 동원했단다."

"그 정도로 사람들이 부족했던 건가요?"

"원래 전쟁을 하려면 전쟁터에 나가는 군인 말고도 공장에서 무기를 만드는 사람과 광산에서 자원을 캐는 사람이 필요하단다. 하지만 전쟁이 길어지면서 거기서 일할 사람이 부족해지자 조선 사람들을 데려간 거야. 물론 강제로 말이다."

"그렇게 모아서 어디로 보낸 거예요?"

"일하는 환경이 나빠서 일본인이 꺼려 하던 광산이나 공장 같은 곳이지. 지금은 러시아 땅이 된 사할린부터 동남아시아, 중국, 만주까지 안 보낸 곳이 없단다. 그리고 젊은 청년들은 군대로 징집해서 전쟁터로 내보냈지."

"얼마나 많은 사람이 간 건가요?"

"정확한 숫자는 나와 있지 않지만 최소한 100만 명 이상으로 보고 있다."

"우아, 엄청난 숫자네요. 그 정도일 줄은 몰랐어요."

"해외로 끌고 나간 숫자가 그 정도고 국내에서도 강제 동원이 이뤄졌단다."

"그 얘기는 처음 들었어요."

노인호 교수의 얘기를 들은 동찬이가 고개를 갸웃거렸다.

"국내 강제 동원은 상대적으로 잘 알려져 있지 않지만 광범위하게 이뤄졌단다. 나라에서 조사한 바로는 대략 680만 명쯤으로 보고 있다. 물론 정확한 숫자는 아니지만 말이야."

"그럼 국내외를 다 합치면 780만 명이나 되네요? 어마어마해요."

"당시 조선의 인구가 대략 3천만 명 정도였다. 그러니까 4명 중 1명은 어떤 형태로든 일본에 의해 끌려갔다는 얘기지."

"맙소사."

엄청난 숫자 앞에서 동찬이는 할 말을 잊었다. 그런 동찬이를 보면서 노인호 교수는 설명을 이어갔다.

"게다가 그 숫자 중에는 일본군 성노예 희생자들은 포함되어 있지 않다. 그렇게 전쟁터에 끌려가거나 공장과 탄광으로 끌려간 조선 사람들 상당수가 희생되었지. 외국으로 끌려간 사람 중에서 약 20만 명 이상이 이런저런 이유로 돌아오지 못했단다. 국내에서 강제 동원된 사람들 중에서도 약 천 명 정도의 희생자가 확인되었고 말이야."

"그 강제 동원이 여기에서도 이뤄진 건가요?"

동찬이는 스미토모 광업의 사무실을 바라보면서 물었다. 노인호 교수가 천천히 고개를 끄덕거렸다.

"그렇단다."

"여긴 그냥 회사잖아요. 왜 나라에서 끌고 간 사람들을 여기에서 일을 시킨 거예요?"

"당시 스미토모 광업은 전략 물자를 생산하는 군사 산업체로 지정되었단다. 그래서 필요한 노동력을 국가에 신청할 수 있었지. 그렇게 온 조선 사람들은 이곳에서 하루에 12시간씩 2교대로 일을 했다고 하는구나."

"사람이 그렇게 일을 하고 버틸 수가 있었나요? 저는 상상이 잘 안 가요."

"당연히 어려웠지. 그래서 일본 사람들은 강제로 일을 시켰단다. 어쩌다 쉬는 날에는 읍내로 끌려가서 군사 훈련까지 받아야 했고."

"에휴 분해라. 자기네 전쟁에 애꿎은 우리나라 사람들을 희생시켰네요."

"맞아. 그뿐만이 아니다. 전쟁에 필요하다면서 쌀을 비롯한 곡식과 숟가락 같은 것까지 빼앗아 갔단다. 그리고 조선 사람들을 일본 사람으로 만든다면서 신사 참배*를 강요했지. 거기에 대해서 저항하면 감옥에 가두고 혹독한 고문을 가했고 말이야."

노인호 교수가 떨리는 목소리로 이야기를 하고는 긴 한숨을 쉬었다.

"지금 내가 한 이야기 중에서 식민지가 우리를 근대화시켜 주었다는 부분을 찾을 수 있겠니?"

"아뇨. 전혀 없었어요."

"그것은 환상이란다."

딱 잘라 이야기한 노인호 교수가 스미토모 광업의 사무실을 바라보면서 말을 이어갔다.

"식민지가 왜 만들어졌는지 그 이유를 안다면 근대화를 시켜 줬다는 것이 거짓말이라는 건 쉽게 알 수 있지. 막대한 비용과 시간을 들여서 식민지를 만든 이유는 수탈을 하기 위해서란다. 자국의 이익을 위해서 말이다. 동찬이도 나랑 같이 가 본 곳에서 그런 수탈의 흔적들을 봤을 거다."

노인호 교수의 물음에 동찬이는 고개를 끄덕거렸다.

"네."

"물론 우리가 일본의 식민지였던 시절에 변화가 있었던 것은 사실이야. 하지만 그건 자기들의 시스템에 맞추기 위한 것에 불과했단다. 경제 성장이라는 것도 그 주체가 누구고, 어떤 계층이 혜택을 입었는지를 따져 봐야지 무조건 발전했다고 볼 문제는 아니다. 3·1운동이 벌어지기 이전에는 조선 사람들은 회사도 세우지 못하게 했단다. 동찬아, 우리 군산에서 뭘 봤지?"

"쌀을 일본으로 실어 가기 위해 항구를 세우고 철도를 깔아 놓은 걸 봤어요."

"맞아. 군산이 발전했다고 하지만 이익을 얻은 건 일본인과 소수의 친일파뿐이었다. 자기네 전쟁을 위해서 수백 만 명을 강제로 끌고 갔다가 그중 수십 만을 희생시켰다면 그들이 설령 근대화를 시켜 줬다고 해도 무슨 소용이겠어."

노인호 교수의 얘기를 들은 동찬이는 빙그레 웃으며 말했다.

"고맙습니다 교수님. 다음 주에 학교 가면 그 친구에게 들려줄 이야기가 많네요."

용어 설명

중일 전쟁 1937년 7월부터 1945년 8월까지 중국 대륙에서 중국과 일본이 벌인 전쟁. 만주 사변으로 만주를 차지한 일본은 침략의 야욕을 버리지 못하고 중국 대륙 전체를 노립니다. 하지만 중국의 끈질긴 저항에 장기전으로 이어지고 원자 폭탄을 떨어뜨린 미국에 항복합니다.

신사 참배 일제 강점기에 일제가 우리의 종교와 사상 자유를 억압하기 위하여 신사에 절을 하게 강요한 일을 말합니다.

일본의 강제 동원에 대해서는 중학교 미래엔 역사교과서 2편 63쪽 '병참기지화 정책과 인력, 물자의 수탈' 부분에 잘 나와 있습니다.

● 노인호 교수의 알림장

식민지 근대화론과 자본주의 맹아론

일본의 식민 지배가 우리에게 어떤 영향을 미쳤는지는 오랫동안 연구되었고, 이에 대해 다양한 견해가 있습니다. 대략 부정적인 영향을 끼쳤다는 쪽과 긍정적인 영향이 있었다는 쪽으로 나눠집니다. 후자의 의견은 일본의 식민 지배가 결국은 우리를 근대화시켰다고 보고 있습니다. 철도를 비롯해서 서구의 문물과 근대 사법 체계 같은 제도를 들여와서 말이죠. 이 부분에서 학계의 의견이 나눠집니다. 조선이 일본의 침략을 받지 않았다면 자체적으로 서구의 근대화를 따라잡을 수 있었을 거라는 견해를 '내재적 발전론' 또는 '자본주의 맹아론'이라고 부릅니다. 19세기 접어들면서 조선은 신분제의 해체가 점점 빨라집니다. 서자나 중인 같은 계층이 자신들도 양반이 될 수 있게 해 달라며 집단적인 움직임을 보인 것입니다. 시장 경제가 활성화되면서 화폐가 사용되고, 새로운 신흥 자본가들이 탄생합니다. 이렇게 탄생한 새로운 계층은 여항문화라는 자신들만의 독특한 문화를 만들고 즐깁니다. 변화는 지배 계층이던 양반 사이에서도 일어납니다. 성리학을 절대불변의 진리로 고수하던 그들 사이에서도 변화의 조짐이 일어난 것입니다. 백성과 나라에 도움이 되는 실용적인 학문인 실학을 연구하는 움직임이 늘어났고, 청나라의 양명학에 관심을 기울이기도 했습니다. 신분제의 해체를 시작으로 한 이런 움직임은 결국 서구의 근대화를 따라잡거나 도입했을 것이라는 게 자본주의 맹아론 또는 내재적 발전론의 핵심입니다. 반면, 식민지 근대화론은 반대의 이야기를 합니다. 조선과 대한제국의 개혁 정책은 모두 실패로 돌아갔기 때문에 자체적인 발전은 불가능했을 것이라고 봅니다. 아울러 일본의 식민 지배를 통해 서구의 제도와 법률이 들어왔고, 공장이 세워지면서 본격적인 근대 국가로 거듭났다는 주장입니다. 실제로 일본의 식민지 시절 경제 성장률은 꾸준히 상승 곡선을 그렸다는 점은 사실이니까요. 감정적으로는 받아들일 수 없지만 식민지 근대화론 역시 학자들의 연구 결과물이기는 합니다. 수치와 그래프, 그리고 도표는 거짓말을 하지 않는다는 말과 함께 말이죠. 사실 자본주의 맹아론과 내재적 발전론의 경우에는 실제로 결과물이 나오지 않았다는 점에서 큰 약점을 가지고 있습니다. 따라서 양쪽의 견해는 어느 쪽으로 명확하게 결론을 내릴 수 없는 상태로 이어지고 있답니다.

한마디로 일본의 식민 지배가 결과적으로 우리에게 축복인가 저주인가를 놓고 의견이 갈린다고 보면 됩니다. 그런데 말입니다. 일본의 식민 지배가 우리에게 결과적으로 긍정적이었다면 우리가 위안부나 정신대라고 부르는 일본군 성노예 문제를 비롯해서 강제 동원과 징병 문제는 어떻게 봐야 할까요? 축복 속의 저주일까요? 그렇다고 보기에는 상처는 너무나 크고 거대합니다. 광복이 되고 일본의 식민 지배가 끝난 지 70여 년이 지났음에도 불구하고 여전히 치료되지 않고 있으니까요. 일본군 성노예 문제의 경우만 해도 일본의 책임 있는 사과는커녕 망언이 계속 이어지는 가운데 이미 해결되었다는 말만 반복하고 있습니다. 강제 동원 문제 역시 각종 사례들이 밝혀졌지만 일본 정부의 외면은 계속되고 있습니다. 일본의 지배가 축복이나 도움이 되었다면 태평양 전쟁 시기에 겪은 우리 민족의 고통과 억압은 대체 무엇일까요? 그리고 그것을 반성하지 않는 일본의 자세는 식민 지배의 본질이 무엇인지를 똑똑히 보여 주고 있습니다.

강제 동원

1938년, 일본은 국가총동원법을 발표합니다. 전쟁을 승리로 이끌기 위해서 필요한 인원과 자원을 국가가 마음대로 동원할 수 있다는 법령입니다. 아울러 출판과 언론에 대한 통제도 포함되어 있습니다. 국가가 조직적으로 개인을 착취하고 수탈해서 전쟁에 이용하겠다는 의미입니다. 총동원법의 시행 이후 전쟁의 폭풍은 조선과 조선인에게도 영향을 미칩니다. 인력과 물자가 부족해진 일본은 식민지에도 손길을 뻗은 것입니다. 만약 법을 어겼을 경우에는 3년 이하의 징역이나 5천 원 이상의 벌금을 내도록 되어 있습니다. 아울러 조선 총독부를 시작으로 지방 행정관청이 강제 동원에 조직적으로 동원되었습니다. 일본이 강제로 징발한 조선인들은 주로 근무 환경이 열악한 광산과 공장에 투입되었습니다. 근무지는 한반도의 다른 지역은 물론 사할린을 비롯한 일본 본토와 만주, 동남아, 태평양까지 다양했습니다. 강제로 동원되어서 고향을 떠나야만 했던 조선인의 숫자는 100만 명이 넘는다는 견해가 많지만 정확하게 알려져 있지 않습니다. 강제 동원의 영역을 국내까지 확장한다면 상황은 더욱 심각합니다. 2013년 국무총리 소속 강제동원위원회의 발표에 따르면 강제 동원과 징병을 합하면 대략 780만 명 정도입니다. 당시 한반도에 살던 조선인의 전체 인구가 3천만 명 남짓이었다는 점을 감안하면 노약자와 여성을 제외한 청장년층의 상당수가 어떤 형태로든 피해를 입었다고 볼 수 있습니다. 하지만 이 안에는 일본군 성노예로 끌려간 조선 여성들의 숫자는 포함되어 있지 않습니다. 사실 이 숫자 역시 정확하지는 않습니다. 한 사람이 계약 기간이 끝난 후에도 계속 붙잡혀 있거나 작업장을 옮겨 가면서 기간을 넘기는 경우가 많았기 때문이죠. 아울러 이 통계의 기준이 일본 정부의 공식 발표 자료라는 점을 감안하면 정확한 숫자라고 보기 어렵습니다.

● 동찬이의 내비

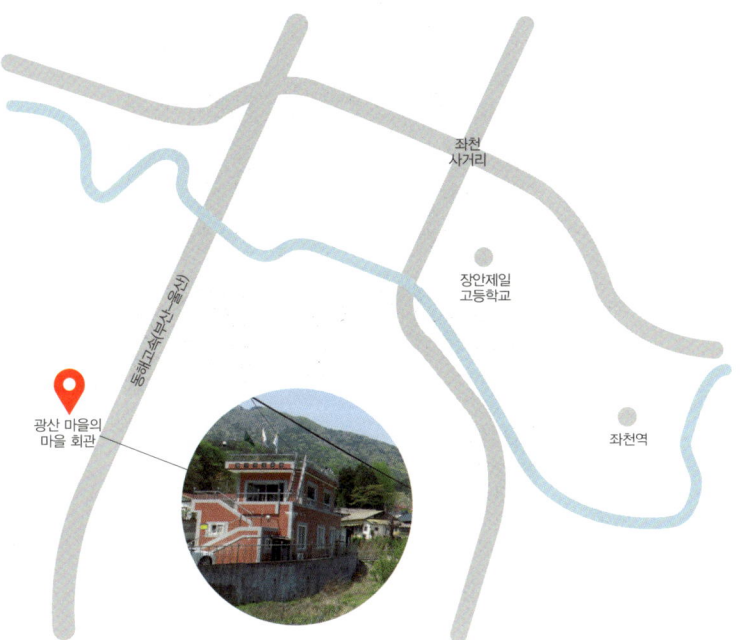

➲ 기장 광산 마을은 교통편이 매우 불편합니다. 따라서 자동차를 이용하는 게 좋아요. 광산 마을의 마을 회관을 내비게이션으로 지정하고 가면 되는데요. 주소는 부산광역시 기장군 일광면 달음길 44예요. 부산과 울산을 잇는 고속도로 고가의 아래쪽에 있습니다. 마을 회관 쪽에 차를 세우고 마을을 둘러본 다음 사무실이 있는 곳으로 올라가면 됩니다.

7 서울
서대문 형무소 역사관

지하철 3호선 독립문역에서 내린 동찬이는 약속 장소인 5번 출구로 올라갔다. 계단 위에는 등산복을 입은 어른들이 삼삼오오 모여 있었다. 노인호 교수를 찾느라 두리번거리는데 바로 옆에 있던 등산복 차림의 어른이 중얼거리는 소리를 들었다.
"어제 비가 와서 그런지 날씨가 좀 을씨년스럽네."
낯선 단어를 들은 동찬이는 귀를 쫑긋거렸다. 때마침 도착한 노인호 교수에게 물었다.
"을씨년스럽다는 말이 무슨 뜻이에요, 교수님?"
질문을 받은 노인호 교수가 빙그레 웃었다.
"하긴, 요즘은 잘 안 쓰는 단어긴 하지. 혹시 을사늑약*이라는 단어 들어 본 적 있니?"
"을사늑약이요? 을사조약이 아니고요?"

동찬이의 반문에 노인호 교수가 고개를 저었다.

"조약은 양쪽이 서로 동의한 상태에서 맺어졌다는 뜻이지. 하지만 1905년에 일본이 대한제국과 맺은 제2차 한일협약은 조약이라고 부르기에는 문제점이 한둘이 아니었단다."

"어떤 문제점이 있었는데요?"

"일단 대한제국의 최고 통치자였던 고종 황제의 승인이나 서명이 없었단다."

"그럼 누가 서명하고 승인했나요?"

"당시 대신들이었지. 하지만 그것도 문제가 있었다. 당시 특사로 왔던 이토 히로부미가 군대를 동원해서 고종 황제를 협박하고 대신들에게 서명을 강요했거든. 심지어는 서명을 거부한 대신들을 감금해 놓고 찬성하는 대신들에게만 서명을 받았단다."

"맙소사, 이거야 뭐 강도가 따로 없었네요."

동찬이가 분하다는 듯 말했다.

"그때 협정에 서명한 이완용을 비롯한 다섯 명의 대신들을 '을사오적'*이라고 부르지. 절차에 문제가 있었기 때문에 조약이라고 안 부르고 억지로 맺은 조약이라는 뜻의 늑약이라고 부른단다."

"앞으로 저도 을사늑약이라고 부를게요."

"아무튼 을사늑약으로 인해 대한제국은 외교권을 빼앗기고 말았다. 그리고 내정을 감독한다는 명목으로 통감부가 설치되었지. 초대 통감은 을사늑약의 체결을 강요했던 이토 히로부미였다."

"사실상 나라를 빼앗긴 수준이네요."

"국권을 빼앗긴 건 1910년이지만 1905년에 이미 나라가 망했다고 봐야 한다. 을사늑약이 체결된 것은 추위가 한창 기승을 부리는 11월이었지. 그래서 사람들은 춥고

음산한 때가 되면 을사년을 떠올렸단다."

"그래서 을씨년스럽다는 말이 생긴 거예요?"

동찬이의 물음에 노인호 교수가 가볍게 고개를 저었다.

"처음에는 을사년스럽다고 했단다. 그러다가 발음이 강해지면서 을씨년스럽다로 변한 거지."

노인호 교수의 얘기를 들은 동찬이가 혀를 내둘렀다.

"그런 사연이 있는 줄은 꿈에도 몰랐어요."

"그만큼 일본의 지배가 우리에게 큰 영향을 미쳤다는 의미지. 오늘 가 볼 곳도 그런 역사의 흔적이 남아 있는 곳이다."

"오늘 탐험 장소는 서대문 형무소 역사관이라면서요."

"그래. 바로 저 위에 있단다."

노인호 교수가 전철역 출구 옆으로 조성된 공원을 바라보며 말했다. 동찬이가 노인호 교수의 손을 잡으면서 서둘렀다.

"교수님, 궁금해요. 어서 가 봐요."

산책로를 지나 서대문 형무소 역사관 입구에 도착한 동찬이는 끝없이 늘어선 붉은색 담장을 보고 눈이 휘둥그레졌다.

"담장이 정말 높네요."

"감옥이니까 그렇지. 죄수가 도망치는 걸 막으려면 높게 지어야 하잖아."

"언제 지은 건가요?"

"처음 지어진 건 1907년이었단다."

"아직 일본이 우리나라를 집어삼키기 전이네요."

"을사늑약이 체결되자 곳곳에서 이에 저항한 의병들이 들고 일어났거든. 일본에서는 이들을 체포해서 가둬야 할 곳이 필요했단다. 원래 있던 감옥은 너무 좁았고, 시내 한복판에 있어서 탈옥의 위험도 높았으니까 말이다. 그러니까 한마디로 지배하기 전에 감옥부터 만든 셈이지."

"대단한 놈들이네요."

동찬이는 분한 얼굴이 되었다.

두 사람은 곧 출입문으로 향했다. 각진 아치형으로 된 정문 옆에는 팔각형 망루가 붙어 있었다. 감시탑이라고 했다.

커다란 정문 좌우에는 작은 문들이 있었는데 그중 하나가 들어가는 문이었다. 조심스럽게 안으로 들어가니 동찬이의 붉은색 벽돌로 된 2층 건물이 보였다. 그곳에는 서대문 형무소 역사 전시관이라는 글씨가 적혀 있었다. 그걸 본 노인호 교수가 입을

서대문 형무소 역사관 입구.
출입문 옆에 팔각형 감시탑이 있다.

서대문 형무소 역사 전시관. 원래는 간수들이 쓰던 건물이다.

건물이 위압적으로 느껴져요.

서대문 형무소 역사관 전경.

열었다.

"저긴 원래 간수들이 쓰던 청사 건물이었단다."

"지붕이 뾰족해서 그런지 굉장히 위압적으로 보이네요."

주변을 둘러본 동찬이가 덧붙였다.

"그나저나 온통 벽돌로 만든 건물들이네요."

"지금은 많이 없어졌지만 남아 있는 건물도 제법 되지. 형무소 안에 벽돌 공장이 있어서 마음껏 쓸 수 있었을 거다."

"이곳에 갇힌 독립운동가들은 어떤 심정이었을지 조금 짐작이 가요."

"사실 여긴 처음부터 이렇게 크지는 않았단다."

"그래요?"

"1907년에 처음 지어졌을 때는 500평 정도 되었단다. 원래 이름은 서대문 형무소가 아니었지."

"어떤 이름이었어요?"

"경성 감옥이었지. 그러다가 1912년에 마포 공덕동에 생긴 감옥이 경성 감옥이라는 명칭을 가져가면서 이곳은 서대문 형무소로 불렸단다. 감방은 나무로 짓고 담장도 벽돌 대신 아연판을 세웠다고 하는구나. 그래도 간수들이 쓰는 사무실과 죄수들이 일할 공장과 목욕탕까지 갖춰진 곳이었지. 하지만 지어지자마자 한동안은 사용하지 못했단다."

"왜요?"

"그해에 일본이 대한제국 군대를 해산시켰거든. 이에 저항한 군인들이 일본군과 전투를 벌였고, 의병과 합류했지. 그러면서 서울 진공 작전을 펼쳤단다."

"그래서 한동안 쓰지 못했던 거군요."

동찬이의 대답에 노인호 교수가 고개를 끄덕거렸다.

"그러다가 1908년 하반기가 되어서야 겨우 문을 열 수 있었지."

"그런데 왜 하필 이곳에다가 지은 거예요?"

"보여 줘야 하니까 그랬겠지."

"뭘 보여 줘야 하는데요?"

"서대문은 옛부터 한양을 오가는 사람들의 왕래가 잦은 곳이었다. 오가는 사람들에게 이 땅의 지배자가 누구인지 보여 주고 싶었을 게다. 그리고 문을 열자마자 이강년이나 허위 같은 의병장들은 물론 안창호 같은 독립운동가들을 잡아 가두었단다."

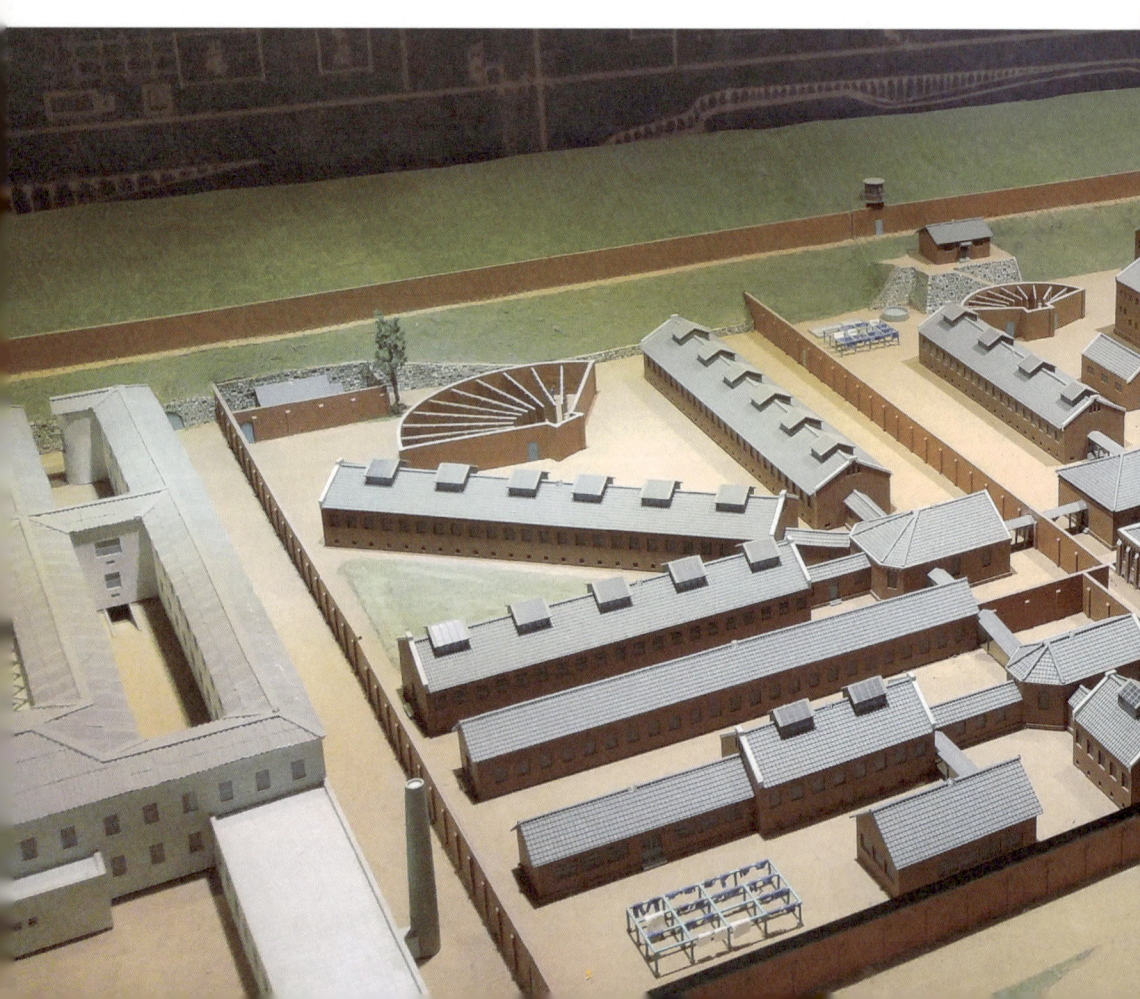

"정말 끔찍해요."

동찬이가 얼굴을 찡그리며 말했다. 노인호 교수는 고개를 들어서 역사 전시관을 바라봤다.

"저곳에 가면 더 끔찍한 걸 볼 수 있지. 따라오너라."

역사 전시관 안으로 들어간 두 사람은 전시물을 둘러봤다. 동찬이의 눈길을 끌었던 것은 서대문 형무소의 모형이었다. 모형을 본 동찬이는 입을 다물지 못했다.

"와! 진짜 크게 지었네요."

"증축에 증축을 거듭하면서 규모가 꽤 커졌단다. 처음 세워질 때는 크기가 500평이

서대문 형무소의 모형. 사진 왼쪽이 1930년대 지어진 구치감이다.

었는데 나중에는 1만6천5백 평까지 늘어났지. 수용 인원도 2천5백 명까지 늘어났고 말이다."

"아휴, 그 많은 사람들을 가둔 곳이었군요. 그런데 다 붉은 벽돌로 만들었는데 왼쪽 끝에 있는 건물들만 콘크리트로 만들었네요."

"저긴 경성 구치감이란다. 1930년대 지어졌지."

"같은 감옥인데 저기엔 담장이 쳐져 있네요."

"저긴 사상범이라고 불렀던 독립운동가들을 따로 가둔 곳이란다. 주로 독방에 가두었는데 외부와의 접촉은 물론 감옥 안에서 다른 죄수들과 만나는 것도 막기 위해서였지."

"어마어마하게 크니 좀 놀라워요."

모형에서 눈을 떼지 못하는 동찬이의 말에 노인호 교수가 쓴 웃음을 지었다.

"서대문 형무소는 일본이 조선에 지은 감옥 중에서 가장 규모가 컸기 때문에 일종의 본부 역할을 했단다. 남녀 간수만 해도 250명이 넘었는데 그중 30퍼센트 정도가 조선인이었지. 재미있는 건 간수들조차 급여와 승진에서 일본인과 조선인의 차별이 있었다는 점이다."

"이럴 때 저희는 웃프다는 말을 써요."

동찬이가 씁쓸하게 웃으며 말했다.

"어떻게 보면 당시 한반도 전체가 일본이 만든 감옥이라고 해도 틀린 말이 아니지."

모형을 들여다보던 동찬이가 노인호 교수에게 물었다.

"이쪽에 건물이 부채꼴로 지어졌어요. 그리고 끝이 한 건물로 연결되어 있어요."

"1920년대 새로 증축된 감옥과 감시동이란다. 부채꼴로 퍼진 세 개의 기다란 건물이 감옥이고 세 개가 연결된 꼭짓점에 있는 건 간수들이 감시하는 감시동이란다."

"왜 이렇게 지어 놓은 거죠?"

"감시동에서 한꺼번에 세 군데의 감옥을 감시할 수 있도록 한 거지."

"지금은 없어진 건물들이 꽤 많네요."

"오른쪽에 보이는 건 죄수들이 일하는 공장 건물이란다. 뒤쪽 언덕 위에 있는 건물은 아픈 죄수들을 따로 가두는 병감이지. 지금 우리가 있는 역사 전시관 바로 오른쪽에 있는 기다란 건물이 보이니?"

"네."

"저건 창고 건물이야. 그리고 그 너머 오른쪽에 있는 건 취사장이고."

"근데 건물들 지붕이 좀 이상해요. 지붕 위에 작은 지붕을 따로 얹은 거 같아요."

"튀어나온 부분 말이냐? 저걸 솟을지붕(Monitor Roof)이라고 부른단다. 주로 햇빛을 받아야 하거나 환기를 시켜야 하는 건물에 쓰지. 많은 죄수들을 가두고 창문을 마음대로 열 수 없는 곳이라 저런 지붕이 필요했을 거다."

설명을 들은 동찬이는 쉽사리 입을 열지 못했다. 그런 동찬이의 어깨를 토닥거린 노인호 교수가 말했다.

"아직 둘러볼 게 많으니까 서둘러 가 보자."

전시관 안에는 죄수들이 신던 고무신과 빨래를 하던 빨래 방망이, 그리고 이동을 할 때 머리에 씌운 짚으로 만든 용수와 족쇄들이 전시되어 있었다. 전시물을 차례차례 살펴보던 동찬이는 노인호 교수에게 물었다.

"여긴 아무것도 없는데요."

"벽을 잘 보렴."

노인호 교수의 얘기를 들은 동찬이는 벽 쪽으로 다가갔다. 아주 작게 만든 사진과 한문이 적힌 카드가 빼곡하게 벽에 붙어 있었다. 그걸 보고 아무 말도 못하는 동찬이에게 노인호 교수가 다가갔다.

"나는 여기를 기억의 방이라고 부른단다."

서대문 형무소에 수감된 독립운동가들의 수형 카드가 붙어 있는 방.

"이건 뭐예요?"

"서대문 형무소에서 죄수들의 각종 정보를 적은 수형 카드들이다."

노인호 교수의 얘기를 들은 동찬이는 벽에 붙은 카드들을 하나하나 읽으면서 눈시울이 뜨거워졌다.

"교수님. 이분들 눈빛이 다 살아 있어요."

"끝까지 저항을 포기하지 않아서일 거야. 이 시기에 독립운동을 한다는 것은 목숨을 내놨다는 것과 마찬가지거든. 죽지 않고 감옥에 갇힌다고 해도 배고픔과 구타, 그리고 집요한 전향 공작이 기다리고 있었지. 거기다 조사 과정에서 혹독한 고문을 당하고, 온몸이 만신창이가 된 상태에서 수감 생활을 하는 건 더더욱 고통이었단다. 그래서 적지 않은 독립운동가들이 이곳에서 숨을 거뒀단다."

동찬이는 아무 말도 하지 못한 채 물끄러미 수형 카드들을 바라봤다. 한참을 들여다보던 동찬이는 노인호 교수와 함께 기억의 방을 나왔다.

다음으로 간 곳은 나무와 벽돌로 만든 작은 공간이었다. 벽에는 시신 수습실이라는 표지판이 붙어 있었다. 안에는 유관순 열사를 비롯한 독립운동가들의 사진이 어둠 속에서 보였다. 노인호 교수가 짧게 설명했다.

"교수형을 당한 독립운동가들의 시신을 수습했던 곳을 복원해 놓은 곳이다. 목에 올가미를 씌우고 바닥판을 내리는 교수형 방식으로 사형을 집행했는데 그 시신을 여기에서 수습했지."

시신 수습실을 지나 지하까지 둘러본 동찬이는 역사 전시관 밖으로 나왔다. 감방 건물들은 하나같이 위압적이어서 동찬이를 더 우울하게 만들었다. 노인호 교수는 모형으로 봤던 부채꼴 형태의 감방과 간수동으로 동찬이를 데려갔다. 안에 들어간 동찬이가 물었다.

"복도 양쪽에 감방들이 있는 건가요?"

"맞아. 그리고 2층도 같은 방식이었단다."

감방을 둘러본 동찬이가 세 개의 건물이 연결된 간수동의 감시대에 서서 주변을 돌아봤다.

"여기 서니까 진짜 세 군데가 다 보이네요."

"판옵티콘(Panopticon) 이론이라고 들어 봤니?"

"아뇨. 그게 뭔데요?"

동찬이가 아리송한 얼굴로 물었다.

"제레미 벤담이라는 영국의 철학자가 개발한 이론이다. 모든 것을 본다는 뜻인데, 죄수들을 효율적으로 감시할 목적으로 고안된 감옥을 뜻한다. 왜 영화에서도 자주 볼 수 있는 형태인데 가운데에는 간수가 있는 감시탑이 있고, 주변에 원형으로 죄수들이 갇혀 있는 감방을 배치하는 형태 말이다."

"본 적 있어요. 그러면 가운데에서 죄수들을 감시하게 되는 거지요?"

"맞아. 그리고 감시탑은 어둡게 하고, 감방은 밝게 해 두지. 그러면 죄수들은 간수가 자신을 감시하는지 안 하는지 모르는 상태가 되기 때문에 위축될 수밖에 없거든."

감시대에 서서 노인호 교수의 얘기를 들은 동찬이가 고개를 끄덕거렸다.

"그렇게 해서 이곳에 갇힌 사람들을 불안하게 만드는 것이군요."

"그렇게 하면 적은 수의 간수만 가지고도 많은 죄수들을 감시할 수 있기 때문에 극도의 효율성을 발휘할 수 있지. 여기도 아마 그런 이론을 토대로 만들었을 거다."

"정말 꼼꼼하고도 무시무시하네요."

힘없이 중얼거린 동찬이가 곧 감시대에서 내려왔다.

밖으로 나온 동찬이는 태극기가 걸려 있는 감방 건물들을 둘러보다가 걸음을 멈췄다.

감시대에서 바라본 감방의 모습.

효율적으로 감시하기 위한 구조란다.

서대문 형무소 감옥의 외부 모습. 창문 아래 용변 배출구들이 보인다.

화장실도 불편하게 만들다니!

"창문 아래 작은 구멍들이 보이는데 이건 무슨 용도예요?"

"저쪽에 안내판이 있다."

동찬이는 노인호 교수를 따라 안내판이 있는 곳으로 갔다.

"아, 용변 배출구네요."

"용변 배출구를 왜 만들었을까?"

"글쎄요. 화장실도 못 가게 하면서 감시하려고 그랬을까요?"

"독방에 가둔 독립운동가들이 다른 사람들과 접촉하는 걸 최대한 막기 위해서 만든 거다. 구멍 안에 나무 상자를 넣어서 용변을 보게 한 다음 그걸 밖에서 빼낸 거지."
"지독하네요. 감옥에 가두는 것만으로는 부족했던 걸까요?"
"전향시키기 위한 방법 중에 하나였지. 그걸 끝까지 견뎌 낸 독립운동가들은 정말 대단한 사람들이고 말이다."
두 사람은 역사관 뒤편으로 향했다. 거기에는 붉은 벽돌로 부채처럼 만들어진 공간이 있었다. 안에 들어가자 아까 본 감방처럼 꼭짓점 부분에는 위로 올라갈 수 있는 단상이 있었고, 칸막이가 쳐진 공간이 보였다.
"여긴 뭐하는 곳인가요?"
단상에 올라선 동찬이의 물음에 노인호 교수가 대답했다.

감시대에서 바라본 격벽장의 모습.

"격벽장이란다. 죄수들을 운동시키는 곳이지."
"그런데 왜 이렇게 칸막이를 쳐 놓은 거죠?"
"운동하는 죄수들이 서로 얘기를 나누는 걸 막기 위해서지."
"여기도 아까 그 감방처럼 판옵티콘 이론이 적용되었네요."
"그런 셈이지."

단상에서 내려온 동찬이는 격벽장 뒤편에 있는 한센병사를 잠깐 구경했다. 그리고 엄청나게 높은 담장에 둘러싸인 공간에 도착했다. 담장의 작은 입구 앞에는 오래된 나무 한 그루가 서 있었다. 입구 옆에는 사형장이라는 안내판이 붙어 있었다. 그걸 본 동찬이가 노인호 교수에게 말했다.

"아, 이곳은 독립운동가들을 처형한 곳인가 봐요."

서대문 형무소의 사형장 모습. 높은 담장이 둘러쳐져 있다.

이곳에서 독립운동가들이 죽어간 기군요.

사형장의 외부 모습.

사형장 내부 모습. 올가미가 보인다.

동찬이의 마음이 숙연해졌다.

"많은 분들이 여기서 순국하셨다. 조용히 돌아보자꾸나."

담장 안에는 나무로 만든 작은 집이 한 채 있었다. 두 개의 창문 사이에 있는 현관 앞에는 출입 금지 표시판이 서 있었다. 동찬이는 그곳에 서서 안을 들여다보았다.

"가운데 책상이 있고 커튼이 있는 칸막이가 있어요. 저곳에서 사형을 집행한 거 같아요."

"뒤쪽에 교수형을 집행할 때 바닥판을 내리는 레버가 있다."

노인호 교수의 얘기를 들은 동찬이는 조심스럽게 옆으로 향했다. 과연 칸막이 뒤편에는 나무로 된 레버가 있었다.

"저걸 뒤로 당기면 바닥판이 꺼지게 된다. 아래쪽에는 아까 전시관에서 본 시신 수습실이 있고 말이다."

사형장을 둘러본 동찬이는 노인호 교수와 사형이 집행되거나 감방에서 병으로 숨진 독립운동가들의 시신을 밖으로 몰래 빼내던 통로인 시구문을 살펴봤다. 그리고 마지막으로 여성 독립운동가들을 수감한 여감방까지 둘러봤다. 침울한 표정의 동찬이에게 노인호 교수가 말했다.

"역사는 끝없이 이어진단다. 나는 그걸 이곳에서 느끼곤 하지."

"이렇게 아픈 역사를 기억할 수 있도록 만들어 놓은 곳을 열심히 찾아다니면서 기억하는 것이 제가 해야 할 일인 것 같아요 교수님."

동찬이의 대답을 들은 노인호 교수가 대견하다는 듯 머리를 쓰다듬어 주었다.

용어 설명

을사늑약 1905년에 일본이 대한제국의 외교권을 박탈하고 강제로 체결한 조약입니다. 모두 5개 조항으로 되어 있습니다. 덕수궁 뒤편 중명전에 가면 을사늑약 복사본을 볼 수 있습니다.

을사오적 을사늑약을 강제 체결할 때 조약에 찬성한 다섯 명의 대신들을 가리킵니다. 학부대신 이완용, 농상부대신 권중현, 군부대신 이근택, 외부대신 박제순, 내부대신 이지용이 그들입니다.

미래엔의 중학교 역사 교과서 2편 36쪽에 을사늑약이 체결된 중명전이 소개되어 있습니다. 역사박물관이 된 서대문 형무소에 관한 이야기는 61쪽 '신나는 역사 체험' 코너에 자세하게 소개되어 있습니다.

● 노인호 교수의 알림장

또 하나의 서대문 형무소, 옥바라지 골목

서대문 형무소 역사관 맞은편에는 오래된 동네가 있습니다. 좁디좁은 골목길에는 옛날 한옥과 타일을 더덕더덕 붙인 촌스러운 건물들이 사이좋게 자리 잡고 있어요. 야트막한 언덕으로 이어진 골목길 구석구석에는 지나간 시간이 묻어 있습니다. 사람이 사는 모든 곳에는 사연이 묻어 있지만 이곳의 사연은 더욱 더 특별합니다. 바로 서대문 형무소의 탄생과 깊은 연관이 있거든요. 조용하고 한적하던 이곳은 서대문 형무소가 생기면서 뒤따라 작은 마을이 생깁니다. 형무소에 갇힌 독립운동가의 가족들이 옥바라지를 위해 이곳에 자리를 잡았기 때문이죠. 그래서 골목의 이름도 옥바라지 골목입니다. 이곳에서 가족들은 매일 높은 담장 안쪽에서 고생하는 독립운동가들을 보살폈답니다. 서대문 형무소가 서울 구치소로 바뀐 이후에도 옥바라지 골목의 명맥은 이어집니다. 하지만 1987년 서울 구치소가 경기도 의왕시로 이전하면서 이곳은 잊혀지고 버려집니다. 그리고 재개발이라는 명목으로 사라질 위기에 처합니다. 철거가 진행된다는 소식을 듣고 서둘러 찾아갔을 때에는 이미 상당수의 건물이 허물어지고 사라진 상황이었습니다. 골목은 대낮에도 햇빛이 들지 않을 정도로 어두웠습니다. 곳곳에 쓰인 철거라는 글씨가 마음을 더 무겁게 만들더군요. 사진을 찍기 시작하자 누군가 나타나서는 어디서 왔느냐고 물었습니다. 재개발과 관련된 철거를 둘러싸고 조합과 거주민 사이에 첨예한 대립이 있는 와중이라 다들 예민해진 모양입니다. 사진을 찍으러 왔다고 하자 다행히 조심하라는 주의를 주고는 사라집니다. 어떤 사람에게는 이곳이 단지 새로운 아파트가 들어설 자리로만 보일 겁니다. 하지만 옥바라지 골목은 김구 선생을 비롯해서 유관순 열사 같은 우리 역사 속의 독립운동가 가족의 애환과 눈물이 담겨 있는 곳입니다. 서대문 형무소도 섣불리 부숴 버렸다가 불과 20년 만에 다시 발굴하고 복원하는 과정을 거쳤습니다. 그런 비극이 옥바라지 골목에서, 그리고 또 다른 곳에서 반복되지 않기만을 바랄 뿐입니다. 현재 이곳은 철거가 완료되고 대규모 아파트 단지의 분양이 완료된 상태입니다. 이제 옥바라지 골목의 흔적은 새로 만들어질 기념 공간과 몇몇 사람들이 찍은 사진과 기억 속에만 존재할 뿐입니다.

을사늑약의 내용

한국 정부 및 일본국 정부는 양 제국을 결합하는 이해 공통의 주의를 공고히 하고자 한국의 부강의 실(實)을 인정할 수 있을 때에 이르기까지 이를 위하여 이 조관을 약정한다.

제1조, 일본국 정부는 동경 주재 외무성을 경유하여 금후 한국의 외국에 대한 관계 및 사무를 감리, 지휘하며, 일본국의 외교 대표자 및 영사는 외국에 재류하는 한국의 신민 및 이익을 보호한다.

제2조, 일본국 정부는 한국과 타국 사이에 현존하는 조약의 실행을 완수할 임무가 있으며, 한국 정부는 금후 일본국 정부의 중개를 거치지 않고는 국제적 성질을 가진 어떤 조약이나 약속도 하지 않기로 상약한다.

제3조, 일본국 정부는 그 대표자로 하여금 한국 황제 폐하의 궐하에 1명의 통감을 두게 하며, 통감은 오로지 외교에 관한 사항을 관리하기 위하여 경성에 주재하고 한국 황제 폐하를 친히 내알할 권리를 가진다.

일본국 정부는 또한 한국의 각 개항장 및 일본국 정부가 필요하다고 인정하는 지역에 이사관을 둘 권리를 가지며, 이사관은 통감의 지휘 하에 종래 재한국 일본영사에게 속하던 일체의 직권을 집행하고 아울러 본 협약의 조관을 완전히 실행하는 데 필요한 일체의 사무를 감독한다.

제4조, 일본국과 한국 사이에 현존하는 조약 및 약속은 본 협약에 저촉되지 않는 한 모두 그 효력이 계속되는 것으로 한다.

제5조, 일본국 정부는 한국 황실의 안녕과 존엄의 유지를 보증한다.

이 조약은 불법적으로 체결되었기 때문에 정식 조약이 아니며, 을사늑약으로 부르고 있습니다. 을사늑약의 체결로 인해 대한제국은 세계 각국에 파견했던 외교관들을 철수시켜야만 했습니다. 공관도 모두 폐쇄되었고요. 아울러 대한제국의 내정을 감독할 통감부가 설치되었습니다. 일본인이 많이 거주하는 개항장에는 이사청이 설립되어서 일본인들을 통치했습니다.

● 동찬이의 내비

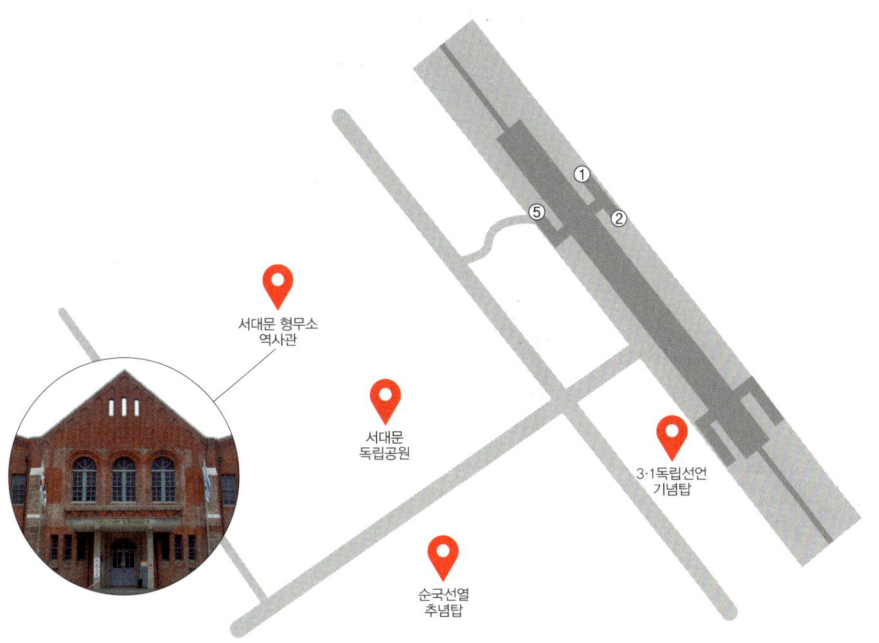

◐ 서대문 형무소 역사관에 가려면 지하철로 오는 게 가장 편리해요. 서울 지하철 3호선 독립문역에서 내려요. 5번 출구로 나와서 왼편의 산책로로 올라오면 바로 찾을 수 있어요. 이곳에는 서대문 형무소 역사관 말고도 독립문을 비롯해서 서대문 독립공원으로 조성되어 있어서 둘러볼 곳이 많답니다.

· 8 ·
서울

용산 거리와 철도 병원

일본식 건물이 용산에도 있네요.

노인호 교수는 용산역 계단 위에서 동찬이를 기다리고 있었다. 약속 시간에 맞추느라 헐레벌떡 뛰어온 동찬이가 노인호 교수에게 물었다.

"근데 교수님. 여기에도 볼 게 있어요?"

"왜? 네 생각에는 없을 거 같니?"

노인호 교수의 반문에 동찬이가 주변을 돌아보았다. 넓은 도로와 높다란 빌딩만 즐비했다.

"새로 만들어진 빌딩이랑 건물이 많아서요. 이런 곳에도 역사적인 장소가 남아 있나요?"

"따라오너라."

에스컬레이터를 타고 광장으로 내려간 노인호 교수는 오른쪽으로 걸어갔다. 횡단보도 건너편에 드래곤 힐이라는 영어 간판을 단 찜질방 건물이 보였다. 그 뒤편으로는 황금색 창문을 한 용사의 집이 있었다. 용사의 집 옆 골목으로 들어간 노인호 교수가 조용히 입을 열었다.

"원래 여긴 사람이 살던 곳이 아니었단다."

"그럼요?"

"그냥 허허벌판이었지."

"이렇게 넓은 땅을 그냥 놔뒀다는 게 이해가 안 돼요."

동찬이가 고개를 갸우뚱거리자 노인호 교수가 웃으며 말했다.

"허허허. 지금이야 홍수가 나지 않도록 한강이 잘 정비되어 있지만 조선 시대에는 그런 게 없었단다. 그래서 한강에 장마가 나면 여기는 물에 잠기는 곳이었지. 그런 땅에 누가 와서 살겠니."

"그럼 여긴 언제부터 이렇게 발전하게 된 거예요?"

"한말부터였지. 군인들이 급여가 밀린 것에 불만을 품고 봉기한 임오군란 알지? 그때 청나라 군이 들어왔는데 이곳에 주둔했단다. 그러다가 청일 전쟁에서 승리한 일본이 다시 이 땅을 차지했지."

"외국군이 번갈아 가면서 들어왔네요."

"한양이 가깝고 한강을 통해 물자를 공급받을 수 있다는 장점 때문이지. 그러다가 1904년 일본은 조선 땅을 자기네 군용지로 마음껏 쓸 수 있는 조약을 맺었다."

"아휴, 말도 안 돼요."

분해하는 동찬이의 말에 노인호 교수가 씁쓸한 표정을 지었다.

"당시 일본은 러시아와의 전쟁에서 이기는 중이라 거칠 것이 없었지. 그때 용산 땅

상당수가 일본의 손에 넘어갔고, 군대가 주둔했단다. 그러면서 철도가 놓이는데 그게 바로 용산역이었단다."

노인호 교수의 이야기를 들은 동찬이는 걸음을 멈추고 고개를 돌려서 용산역을 바라봤다. 용사의 집 너머에 있는 용산역이 아주 조그마하게 보였다.

"지방에 내려갈 때마다 오는 곳이지만 그런 사연이 있는지는 까맣게 몰랐어요."

"허허벌판이라고는 했지만 사람들이 전혀 없었던 건 아니란다. 하지만 일본군은 총칼로 그들을 몰아냈지. 그리고 일본인들이 들어왔어. 군인과 그 가족들, 그리고 군대와 관련된 사업이나 장사를 하는 사람들도 따라왔고 말이야. 아무래도 군대 근처에 있는게 안심이 되었을 테니까. 그렇게 일본인들이 집과 상점을 짓고 모여 살면서 이곳은 1900년에 이미 전차 노선을 놓을 정도로 일본인의 천국이 되었지."

동찬이는 노인호 교수의 설명을 들으면서 발걸음을 떼었다. 용사의 집 뒤쪽은 서울 한복판이 아니라 지방의 작은 도시처럼 오래된 집과 낮은 빌딩들이 즐비했다. 노인

용산역 근처에는 일본식 주택이 많이 남아 있다.

호 교수가 오른쪽에 있는 오래된 집을 가리키며 말했다.

"여기서부터 저기까지 쭉 일제 시대 지어졌다가 남아 있는 집들이다."

"우아, 지금까지 꽤 많이 남아 있네요."

"1930년대 쯤 되면 이곳은 용산역을 중심으로 경찰서와 소방서와 각종 관청은 물론 학교와 회사, 공장이 가득 들어섰거든. 물론 일본인들의 소유였지. 몇 번의 홍수가 이들을 괴롭혔지만 결국 일본인의 차지가 되는 것을 막지는 못했단다."

"시내 한복판에 이런 게 남아 있는 줄 모르는 사람도 많을 것 같아요."

"맞아. 잘 모르는 역사이기도 해. 용산역은 1926년에 경성역이 세워지기 전까지는 경성에서 가장 큰 철도역이었어. 지금은 커다란 쇼핑몰이 들어왔지만 그때는 북유럽풍의 나무로 지은 역이었지. 그리고 용산역 주변으로는 철도 관계자들의 사택들이 많이 지어졌고 말이다."

"대전 소제동처럼 여기에도 철도 관사들이 지어졌다는 말씀이지요?"

1905년에 조성된 용산역과 광장 모습. (공공누리 제공)

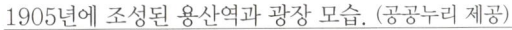

"맞아. 그곳보다 훨씬 더 많이 지어졌단다."

"그래서 지금까지도 저렇게 많이 남아 있는 거군요."

"주변 골목길을 자세히 살펴보면 오래된 집이 많이 보일 게다."

동찬이는 천천히 골목길을 누비면서 옛날 집과 창고들을 찾았다. 창고는 부평 삼릉 마을에서 봤던 것과 비슷했고, 그 옆의 집은 대전 소제동과 기장의 광산 마을에서 봤던 것과 똑같았다. 슈퍼와 한정식, 부동산이라는 간판이 달려 있었고, 지붕은 컬러 강판으로 바뀌었다. 벽과 담장에 페인트칠을 해 놨지만 동찬이의 눈에는 과거의 모습이 잘 보였다. 그런 동찬이의 모습을 보던 노인호 교수가 슬쩍 말을 건넸다.

"이봉창 의사가 누군지 알고 있니?"

"그럼요. 일왕에게 폭탄을 던진 독립운동가잖아요."

"잘 아는구나. 그 이봉창이 용산역에서 역무원으로 일한 적이 있었단다."

"진짜요?"

눈이 휘둥그레진 동찬이를 보고 노인호 교수가 고개를 끄덕거렸다.

"원래 고향이 이곳이었단다. 그러니까 여기서 태어나고 자란 거지. 처음부터 독립운동을 했던 건 아니고, 오히려 일본인으로 살려고 했었다는구나."

"뭐라고요?"

노인호 교수의 이야기를 들은 동찬이의 눈이 다시 동그래졌다.

"뜻밖이기는 하지만 사실이란다. 철저하게 일본인으로 살아가려고 가족과의 인연을 끊고 기노시타 쇼조(木下昌藏)라는 일본 이름으로 산 적이 있었지. 당시에는 그렇게 일본인으로 살고 싶어서 이름도 바꾸고 열심히 일본어를 배운 조선 사람이 한둘이 아니었단다."

● 이봉창 의사.

마른침을 삼킨 동찬이가 노인호 교수에게 물었다.

"그 사람들이 친일파인 건가요?"

"그렇게 단순한 문제는 아니다. 채만식이라는 작가가 쓴 〈치숙〉이라는 소설에서는 좋은 대학을 나오고도 사회주의에 빠져서 신세를 망친 친척 아저씨를 한심한 눈으로 바라보는 주인공이 등장하지. 그 주인공의 꿈이 뭔지 아니?"

"뭐예요?"

"일본 상점에서 열심히 일해 주인 눈에 띄어서 출세하는 것과 일본 여자와 결혼하는 것이었단다. 그러면서 완벽한 일본인이 되기를 꿈꿨지. 그런 주인공의 눈에는 사회주의 운동을 하다가 감옥에 가서 폐병까지 얻은 친척 아저씨가 한없이 어리석어 보였을 거다. 하지만 진짜 어리석은 것은 누구였겠니?"

노인호 교수의 물음에 동찬이가 힘주어 대답했다.

"당연히 그 주인공이죠."

"우리는 정답을 알고 있지만 그 시대를 살아간 사람들에게는 답을 찾기 어려운 문제였지. 기노시타 쇼조로 살아가고자 했던 이봉창 역시 일본인으로 사는 것만이 정답이라 생각했던 그 시대의 많은 사람 중 한 명이었고 말이다."

"그렇게 악착같이 일본인이 되려고 했던 사람이 어쩌다가 독립운동가가 된 거죠?"

"일본인이 되고자 했던 시도가 실패했기 때문이지. 일본 이름을 쓰고 일본어를 잘했지만 정작 일본인에게 외면을 당했기 때문이란다. 낙심한 이봉창은 다시 조선인으로 살아가고자 결심하고 임시 정부가 있는 상하이로 건너갔지."

"이봉창 의사에게 그런 사연이 있었군요."

"재미있는 건 임시 정부 쪽 사람들은 이봉창을 밀정으로 오해했다는 거지."

"왜요?"

"일본어를 너무 잘해서 그랬다는구나. 덕분에 '왜영감'이라는 별명까지 얻었단다. 하지만 김구 주석은 일본 국왕 히로히토를 암살하겠다는 이봉창의 계획을 믿어 줬지. 당시 대한민국 임시 정부는 침체기를 겪던 중이라 뭔가 돌파구가 필요한 상황이었고 말이야."

"그래서 이봉창 의사가 일본으로 가서 폭탄을 던지나요?"

동찬이가 한껏 궁금한 얼굴로 물었다.

"1932년 1월 8일 군대 열병식에 참석하고 도쿄로 돌아오던 히로히토를 향해 폭탄을 던지지. 하지만 아쉽게도 히로히토가 탄 마차가 아닌 다른 마차를 향해 폭탄이 날아가고 말았어. 현장에서 체포된 이봉창은 1932년 10월 10일 대역죄라는 죄목으로 처형당하고 말지."

노인호 교수가 깊게 한숨을 쉬면서 덧붙였다.

"일본은 일본인이 되고자 했던 기노시타 쇼조를 포용하지 못했지. 만약 일본이 그를 기노시타 쇼조로 살아가게 만들었다면 독립운동가 이봉창은 탄생하지 못했을 거다.

용산역 큰길가 전경.

그것이 조선을 근대화를 시켜 주고 차별 없이 평등하게 대우해 준다고 선전한 일본의 식민 지배가 가지고 있는 진심이자 민낯이란다."

묵묵히 얘기를 듣던 동찬이가 대답했다.

"더 열심히 기억하고, 친구들하고도 나눌게요."

그런 동찬이를 대견스럽다는 표정으로 바라본 노인호 교수가 말했다.

"큰길로 나가자. 보여 줄 게 있어."

두 사람은 쏟아지는 햇빛을 뒤로 한 채 횡단보도를 건넜다. 사거리 한쪽에서는 오피스텔을 올리는 공사가 한창이었다. 사거리를 건너서 앞서 걷던 노인호 교수가 발걸음을 멈추고 오른쪽에 있는 건물을 바라봤다. 동찬이의 시선도 자연스럽게 그곳으로

담쟁이 넝쿨에
싸인 용산 철도 병원.

따라갔다. 노인호 교수가 바라본 건물은 붉은 벽돌로 만든 2층 건물이었다. 길을 따라 길게 이어진 건물이었는데 모서리가 둥글고, 고풍스럽다는 느낌을 빼면 별다른 것이 없기도 했다. 정면으로 보이는 1층 벽면 중간에 곳곳에서 솟아오른 담쟁이 넝쿨이 벽과 낡은 창살을 휘감았다. 한동안 말없이 바라보던 동찬이는 건물 주변을 살펴봤지만 안내판 같은 것은 없었다.

결국 찾는 것을 포기한 동찬이가 노인호 교수에게 물었다.

"여긴 뭐하는 곳이었어요?"

"바로 이곳은 조선 총독부 산하 철도국에서 운영하던 병원이었단다."

"정말이요?"

"정식 명칭은 용산 철도 병원이었지."

동찬이는 이곳이 병원이었다는 사실에 놀랐고, 철도국에서 운영했다는 사실에도 놀랐다. 동찬이는 병원 건물을 다시 한 번 자세히 바라봤다.

"철도 회사에서 뜬금없이 병원을 운영했다고요? 왜 그런 거예요?"

"병원 뿐만 아니라 호텔도 운영했었단다. 서울시청 건너편에 있는 웨스틴 조선 호텔

알지?"

"네."

"그 호텔이 지어지기 전에 그 자리에 조선 철도 호텔이 있었어. 거기도 철도국에서 짓고 운영까지 했단다. 그곳뿐만 아니라 부산과 평양, 신의주와 금강산에도 철도국이 지은 호텔이 있었지."

"아휴, 호텔에 병원까지 다 가지고 있었네요. 욕심도 많아라."

"그런데 철도랑 호텔, 병원이 잘 연결이 안 되지? 철도국에서 호텔과 병원을 운영한 이유는 여러 가지였다. 가장 큰 이유는 손님들에게 최대한의 편의를 제공해 주면서 수익을 극대화시키기 위해서다. 예를 들어서 금강산으로 관광을 가기 위해 열차를 탄 손님에게 호텔까지 묵게 하는 방식이지."

"호텔은 그렇다 쳐도 병원은 왜 만든 거예요? 역시 돈을 벌기 위해서인가요?"

"호텔은 수익을 위해서 운영했지만 병원은 좀 다르단다. 대전 소제동도 그렇고 여기에서도 봤던 것처럼 당시 철도를 운영하려면 많은 사람들이 필요했단다."

노인호 교수의 설명에 동찬이가 고개를 끄덕거렸다.

"그래서 철도역 주변에 관사들을 이렇게 많이 지은 거잖아요."

"병원은 철도 관계자와 그 가족을 위해서 지은 거란다. 일종의 복지였던 셈이지."

"그럼 이용한 사람은 주로 철도일 하는 사람이랑 그 가족이겠네요."

"물론 일반인도 이용할 수는 있었지. 하지만 이용자들은 등급이 매겨져 있어서 높은 등급이 우선 진료 대상이었단다."

"누가 등급이 높았는데요?"

"1순위는 철도국 직원, 2순위는 철도를 이용하는 승객, 3순위는 철도국 직원의 가족이나 퇴직한 철도국 직원, 4순위는 일반 환자였다."

설명을 들은 동찬이가 병원 건물을 올려다보면서 물었다.

"운영 목적이 명확했네요. 이 병원은 언제 세워진 건가요?"

"1907년 통감부에서 세운 동인 병원이 시작이었단다. 그때는 이런 큰 건물이 아니었고, 관사 한 채를 개조해서 썼다는구나. 그러다가 1913년에 용산 철도 병원으로 이름을 바꿨지. 이 건물은 1928년에 지어진 거란다."

"병원이라서 그런지 요란한 장식 같은 걸 안 했네요."

"그렇지. 다른 것도 천천히 살펴보려무나."

노인호 교수와 함께 병원 바깥을 살펴보던 동찬이가 구석의 계단 위에 있는 문을 보고는 고개를 갸웃거리며 물었다.

"교수님. 병원 규모에 비해서 문이 작은 편 아닌가요."

"오, 예리하구나. 원래 그곳은 문이 아니라서 그래."

"그럼 따로 문이 있었나요?"

노인호 교수가 동찬이를 데려간 곳은 병

용산 철도 병원의 출입구.
현재는 폐쇄된 상태인데 병원 규모에 비하면 어색할 정도로 작다.

2층으로 된 용산 철도 병원의 모습.
하얀색 선이 쳐진 부분이 원래 출입문이었다.

원의 정면, 그러니까 길과 맞닿은 곳이었다. 건물 가운데에는 흰색 페인트가 문처럼 칠해진 부분이 보였다.

"여기가 원래 문이었다고요?"

동찬이가 믿기지 않는다는 듯 묻자 노인호 교수는 스마트폰을 꺼내서 옛날 사진을 보여 주었다.

흑백사진 속의 용산 철도 병원은 번듯한 정문을 가지고 있었다. 눈에 띄는 아주 커다란 지붕에 휠체어를 탄 환자들을 위한 경사로도 보였다.

"하얀 테두리가 있는 곳이 정문이었네요. 그런데 왜 없앤 거예요?"

"1984년에 도로 확장 공사를 하면서 현관과 지붕이 철거되었단다. 저 옆에 문은 그 이후에 따로 만든 거지."

"아휴, 오랫동안 남아 있었군요. 지금까지 있으면 좋았을 텐데, 진짜 아쉽네요."

"그래. 그 부분은 나도 참 아쉽단다. 동찬아. 저기 보렴. 병원 모서리가 직선이 아니고 곡선으로 휘어진 거 보이지. 여기 현관 지붕은 반대쪽이 곡선이었단다. 네 말대로

병원 모서리가 직선이 아니라 곡선으로 처리되어 있다. 환자들의 답답한 마음을 달래 줄 용도였다고 짐작된다.

건물의 외형이 단순한 걸 설계자도 알고 있었던 거지."

"곡선을 통해서 나름 변화를 준 거군요."

"아마 그랬을 거다. 병원에 온 사람들의 답답한 마음을 조금이라도 가라앉혀 주고 싶었을지도 모르고 말이다."

"안에 들어가 보고 싶은데 못 들어가는 것 같네요?"

"지금은 폐쇄되어 있는 상황이지. 하지만 옛날 자료들을 보면 내부 구조는 대충 알 수 있다."

"진짜요?"

노인호 교수는 스마트폰의 화면을 넘겨서 내부 구조도를 보여주면서 설명했다.

"1층은 약국과 조제실, 내과랑 외과, 피부과와 부인과 진료실이 있었다. 저쪽에 둥글게 곡선으로 지어진 부분은 진찰 순서를 기다리는 대합실이었고 말이다."

"2층은요?"

"원장실과 부원장실이 있고, 이비인후과와 소아과, 안과랑 치과가 있었어. 도서관도 있었고."

설명을 들은 동찬이가 다시 병원을 올려다봤다.

"이 병원은 광복 이후에는 어떻게 쓰였나요?"

"광복이 되고 나서는 한동안은 국립 병원으로 쓰이다가 다시 철도 병원이 되었지. 그러다가 1984년에 중앙대학교 부속 병원에 임대된단다. 그러다가 중앙대학교 용산 병원으로 바뀌었지."

"이제는 문을 닫을 예정인가 봐요?"

"응. 안타깝게도 용산 재개발 때문에 그렇게 되었단다."

"재개발이 되면 이 병원도 없어지겠네요."

동찬이가 우울한 말투로 묻자 노인호 교수가 쓴 웃음을 지었다.

"다행인지 불행인지 용산 재개발이 한참 뒤로 밀리면서 지금까지 잘 버티고 있단다. 사람들의 욕심 덕분에 오히려 살아남은 셈이랄까?"

"이런 역사적인 건물을 없애는 게 좋을까요? 아니면 남겨 놔야 할까요?"

"너는 어떻게 생각하니?"

노인호 교수의 반문에 동찬이가 주저하다가 대답했다.

"저는 남겨 놔야 한다고 생각해요."

"왜 그렇게 생각하는지 궁금하구나."

"어쨌든 잊으면 안 되니까요. 기억해야 하잖아요. 남아 있어야 기억할 수 있지요."

동찬이의 대답에 노인호 교수가 고개를 끄덕거리며 말했다.

"맞아. 건물을 없앤다고 역사가 사라지는 건 아니니까. 잘 보존해서 왜 그런 일이 벌어졌는지를 기억해야 한단다."

동찬이는 노인호 교수의 얘기를 들으면서 오랫동안 병원을 올려다보았다.

<mark>일제 강점기 용산역에서 역무원으로 일하던 이봉창 의사에 관한 얘기가 미래엔 중학교 역사 교과서 2편의 64쪽 역사 탐구 코너에 소개되어 있습니다.</mark>

● 노인호 교수의 알림장
삼각형 땅이어서 삼각지

간조 건축 회사의 경성 지점. 시간이 흐르면서 외형이 많이 변했다.

용산역에서 한 블록 떨어진 곳에 신용산역이 있습니다. 용산역이 확장되면서 거리가 더 가까워진 셈인데요. 신용산역에서 전쟁기념관 방향으로 가면 삼각지역이 보입니다. 삼각지역 1번과 2번 출구로 나오면 용산역 근처 골목에서 본 것 같은 옛날 건물들을 볼 수 있습니다. 이곳 역시 옛날 용산역과 관련된 각종 창고나 회사, 주택들이 즐비하게 세워졌던 곳입니다. 지금은 용산초등학교가 된 용산 소학교도 일찌감치 자리를 잡았습니다. 이곳에 삼각지라는 지명이 생긴 것은 글자 그대로 삼각지 형태로 된 땅 때문입니다. 그래서 이곳에 자리 잡은 맨션 이름도 삼각맨션입니다. 한강과 서울역, 그리고 이태원으로 연결되는 길이 이곳에서 삼각형의 꼭지점 형태로 만나면서 삼각지라는 지명이 생긴 것으로 짐작됩니다. 지금은 미군 부내와 재개발 공사로 인해 형태를 알아보기 힘듭니다. 일제 강점기 시절에는 경성전기주식회사의 창고와 일한와사라고 불리는 기와 공장이 있었던 자리입니다. 삼각맨션 앞에는 연립주택 형태로 지어진 사택이 남아 있습니다. 그리고 뒤편으로 돌아가면 아직도 녹슨 철조망이 있는 담장 안쪽에 크고 작은 옛날 창고 건물들이 보입니다. 더 안쪽으로 들어가면 2층으로 된 옛날 일본식 주택도 볼 수 있는데요. 담장의 화강암 축대도 그렇고 집도 여러모로 신경 써서 지은 흔적이 보입니다. 2층에 차양이 드리워진 커다란 창문은 햇빛을 잔뜩 받아들이기 위한 것으로 보입니다. 골목 곳곳에는 재개발과 재건축의 손아귀에 살아남아서 지금은 숨죽인 채 지내는 옛집들이 눈에 띕니다. 널빤지나 시멘트로 만들었던 벽은 벽돌이나 콘크리트로 변했고, 기와를 올린 지붕은 슬레이트나 컬러 강판으로 탈바꿈했지만 말이죠. 간판이나 담장이 옛날 흔적을 감추기도 했지만 빈틈은 어렵지 않게 찾아낼 수 있습니다. 그렇게 보물찾기하는 것처럼 지나간 흔적을 찾으면서 골목을 걷다 보면 특이한 2층 건물 한 채와 마주치게 됩니다. 바로 1926년에 만들어진 간조(間組)라는 건축 회사의 경성 지점입니다. 모서리에 곡선형으로 출입문을 낸 형태라 여러모로 눈에 확 띕니다. 현관문과 계단, 그리고 1층 창문 아래 기단 부분은 화강암으로 만들었고, 벽면은 노란색 타일이 붙어 있습니다. 창문을 좁고 길게 만들어서 촘촘하게 배치한 것이 눈에 띕니다. 아마 햇빛을 최대한 많이 들어오게 하는 동시에 건물이 높이 보이는 시각적 효과를 노린 것으로 보입니다.

간조는 압록강 철교와 한강 인도교를 세운 회사로 알려져 있습니다. 지금은 많이 사라졌지만 이 주변에는 간조 같이 조선에 진출한 일본 회사의 지점이나 혹은 일본인이 세운 회사의 사옥들이 제법 되었을 것입니다. 교통도 편리했고, 무엇보다 일본인끼리 모여 산다는 안정감을 줄 수 있으니까 말이죠. 특이한 건 1층과 2층의 원형이 거의 그대로 보존되었다고는 하지만 옛날 사진을 보면 차이점을 찾을 수 있습니다. 일단 가장 큰 변화는 현관문 바로 위층입니다. 지금은 현관문처럼 밖으로 튀어나와 있지만 예전 사진에는 2층은 반대로 움푹 들어간 형태입니다. 그리고 창문이 하나 보입니다. 창문 양쪽 벽에는 간(間)자로 보이는 한문이 새겨져 있습니다. 벽도 지금처럼 타일 형태가 아니라 붉은 벽돌로 쌓았습니다. 아마 나중에 보수하면서 벽돌 겉에 타일을 붙인 것으로 보입니다. 1층과 2층 창문 사이의 마름모꼴 로고도 독특합니다. 아마 간조의 로고로 추정되는데 타일이 붙기 전 옛날 사진에서도 같은 흔적을 찾을 수 있습니다. 타일로 덮으면서도 그 부분은 살린 모양입니다. 반면 현관의 지붕 부분은 벽돌이 마치 덧칠된 것처럼 붙어 있습니다. 이 부분에 회사 이름이 박혀 있었기 때문인데요. 주인이 바뀌면서 떼어 내는 대신 벽돌로 덮어 버리는 방식을 택한 것으로 보입니다. 하지만 양쪽의 현관등과 문 안쪽에 세심하게 조각된 장식들은 오늘날까지도 잘 살아남아 있습니다.

우리는 일제 강점기를 잊어버리려고 애를 씁니다. 그래서 당시의 건물을 없애 버리거나 파괴합니다. 재개발이나 재건축이라는 이름으로 사라지기도 합니다. 하지만 대한민국의 중심부라고 할 수 있는 용산 곳곳에는 이렇게 일제 시대의 집과 건물이 살아 숨쉬고 있습니다. 무작정 없애기보다 왜 이런 낯선 형태의 건축물이 이 땅에 세워졌고, 아직도 남아 있는지 깊게 생각해 봐야 할 시점입니다. 그렇지 않고 무작정 잊어버리려고만 든다면 역사는 망령처럼 우리를 괴롭힐 테니까요.

● 동찬이의 내비

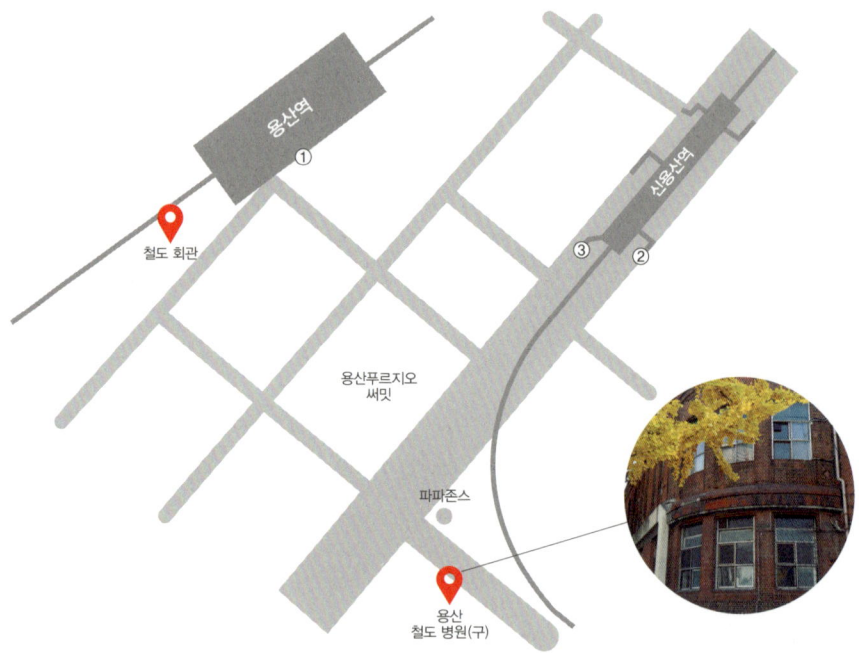

◯ 용산 철도 병원으로 가려면 지하철 1호선 용산역 광장으로 나와야 해요. 오른쪽에 횡단보도 건너편에 있는 용사의 집 옆을 지나서 쭉 가다가 신광장 여관이 있는 사거리에서 왼쪽으로 꺾으세요. 직진해서 횡단보도를 지나면 길 오른편에 용산 철도 병원이 나와요. 아니면 지하철 4호선 신용산역에서도 가도 돼요. 2번 출구로 나와서 쭉 가다가 용산역 앞 사거리에서 왼쪽으로 가면 길 건너편에 용산 철도 병원이 보일 거예요. 용산 일대에는 일제 시대 때 지은 주택과 건물들이 많이 있어요. 삼각지역 근처 삼각맨션 뒤편에 일본식 주택과 창고들이 몇 채 남아 있답니다. 그리고 삼각맨션과 용산 우체국 사이의 골목길에서도 일본식 건물을 제법 볼 수 있습니다.

박노수 미술관과 벽수산장

·9·
서울

서울 시청 뒤에 있는 프레스센터 앞에서 탄 09번 마을버스가 좁은 골목길로 접어들었다. 창가 쪽에 앉은 동찬이는 옆에 앉은 노인호 교수에게 물었다.

"근데 교수님. 여기를 왜 서촌이라고 불러요?"

"경복궁의 서쪽에 있어서 그렇게 부른단다. 세종 대왕이 태어나신 곳이라 세종마을이라고도 부르고."

"우린 어디까지 가야 해요?"

"이 버스 종점에서 내릴 거다."

노인호 교수가 느긋하게 대답하고는 마을버스의 창밖을 바라봤다. 좁은 골목길을 거슬러 올라간 버스는 세탁소와 편의점이 있는 산기슭의 종점에 도착했다. 버스 카드

서촌의 수성동 계곡. 09번 마을버스 종점에 있다.

를 찍고 내린 동찬이는 산을 올려다봤다.

"산에 바위가 많네요."

"저기가 바로 인왕산이란다. 지금 우리가 있는 곳도 그 기슭이고 말이다. 너, 겸재 정선*의 인왕제색도*라는 그림, 알지?"

"교과서에서 본 적 있어요. 저기 위로 계곡이 보이네요."

"저 위로 가면 한양의 북소문인 자하문이 나온단다. 창의문이라고도 부르는데 거기

너머 세검정에 있는 백사실 계곡도 대단히 아름답지. 나중에 시간 나면 가 보자꾸나."
"그런데 서촌에 뭘 보러 가는 거예요? 인터넷에 찾아보니 별거 없던데요."
"많이 남아 있지는 않아. 서촌은 예나 지금이나 조용한 주택가거든. 하지만 아주 중요한 게 남아 있으니까 기대해도 좋단다."
두 사람이 얘기를 주고받는 사이 마을버스가 종점에 도착했다. 한쪽에는 낡은 아파트와 교회가 있고, 맞은편에는 세탁소와 편의점, 그리고 어린이집이 보였다. 멈춰 선 버스에서 내린 노인호 교수가 오른편 언덕 쪽으로 성큼성큼 걸어갔다. 거기에는 돌로 만든 계단과 산책로가 있었다. 계단으로 올라가는 노인호 교수를 따라간 동찬이는 그곳에서 본 광경에 입을 다물지 못했다.
"우아! 물이 흘러요. 여긴 어디예요?
"수성동 계곡이란다. 바위들이 평평하고 넓어서 돗자리 깔고 놀기 좋은 곳이지."
"그럼 옛날에도 여기서 사람들이 놀았을까요?"
"양반들이나 글을 쓸 수 있는 중인들이 와서 시를 지으면서 놀았단다. 저기 계곡을 가로지르는 돌다리 보이니?"
동찬이는 노인호 교수가 가리킨 곳을 바라봤다. 정말 물이 흐르는 계곡 위로 넓적한 돌이 다리처럼 놓여 있는 게 보였다.
"다리가 참 귀여워요."
"기린교라는 다리다. 겸재 정선의 그림에도 저 다리가 남아 있지. 세종 대왕의 셋째 아들인 안평 대군의 집터에 있었다고 전해진다."
"그럼 이 계곡이 안평 대군의 집 안에 있던 거였나요?"
"그렇다고 전해지지. 지금은 물이 많이 줄었는데 예전에는 폭포처럼 흘렀을 거다."
"서울 시내에 이런 계곡이 있다는 걸 처음 알았어요."

"찾아보면 재미있는 곳이 꽤 많지. 천천히 내려가자."

수성동 계곡을 둘러본 동찬이는 노인호 교수를 따라 서촌을 천천히 걸어 내려갔다. 한적한 골목길 중간 중간에는 작고 아기자기한 카페와 음식점들이 눈길을 끌었다. 차분하게 걸으면서 이것저것 구경하던 동찬이는 앞서가던 노인호 교수가 갑자기 사라지자 당황하고 말았다.

"어? 어디 가셨지?"

다행히 노인호 교수가 바로 모습을 드러냈다. 왼쪽 골목길로 들어가 버려서 안 보였던 것이다. 한숨을 쉰 동찬이에게 노인호 교수가 언덕 위의 집을 가리켰다.

"저기가 바로 박노수 가옥이다."

하얀 기둥에 붉은 벽돌이 깨알처럼 박힌 현관의 기둥 안쪽으로 고풍스러운 2층 집이 보였다. 동찬이는 정원에는 커다란 나무들이 자라는 중이었다.

"옛날 집이네요."

"1938년에 지어진 거니까 꽤 오래된 거지. 대한제국의 마지막 황제가 누구인지 아니?"

"고종?"

"아니야. 고종은 1907년의 헤이그 밀사 사건*으로 강제 퇴위를 당하지. 그 다음으로는 아들이 순종이 황제의 자리에 오른단다. 이 집은 순종의 부인인 순정효 황후의 큰아버지인 윤덕영이 딸과 사위를 위해 지어 준 거다."

"이렇게 큰 집을 지어 준 걸 보면 엄청 부자였나 봐요."

● 대한제국 황실 가족 사진. 위로 부터 고종 황제, 그 아래로 순종 황제와 순정효 황후, 마지막으로 영친왕 부부의 사진이다. (공공누리 제공)

박노수 미술관의 현관.
서양식으로 지어졌다.

박노수 미술관의 정원.
전형적인 일본식 정원이다.

"나라를 팔아먹고 일본에게 받은 돈으로 이 집과 자기 집을 지었단다."
"친일파였다고요? 방금 황제 부인의 큰아버지였다고 했잖아요."
노인호 교수가 씁쓸하게 웃더니 박노수 가옥을 올려다보면서 대답했다.
"그래서 더 나쁜 놈이지."
"그러게요."
"집은 1층은 벽돌로 지었고, 2층은 목조란다. 겉모양은 서양식인데 내부는 일본식으로 되어 있지. 하지만 서까래는 한옥 모양이고, 내부에는 온돌방과 벽난로까지 있

박노수 미술관의 2층 모습.
1층과 확연히 다른 것이 눈에 띈다.

어서 한 가지 형태라고 보기는 좀 어렵단다."

"그야말로 짬뽕이네요."

"당시에는 그런 게 좀 유행이었단다."

"그런데 여긴 어쩌다 미술관이 된 거예요?"

"박노수라는 화가가 이 집을 사들였다가 종로구에 기증했단다. 그래서 지금은 그의 작품을 전시한 미술관으로 이용되고 있지."

"그랬군요."

설명을 들은 동찬이는 박노수 미술관 안으로 들어갔다. 현관에서 표를 사고 신발을 갈아 신던 동찬이가 고개를 갸웃거리며 노인호 교수에게 물었다.

"어, 벽난로가 현관에 있었네요."

"내부 구조는 일본식 주택이란다. 근대라는 시대가 얼마나 많은 변화가 있던 시기인지 알 수 있는 사례지."

좁은 복도를 가운데로 양쪽으로 나뉜 방에 미술 작품이 전시되어 있었다. 2층도 마찬가지였는데 지붕 때문인지 살짝 다락방처럼 느껴지기도 했다. 미술관을 둘러보던 동찬이가 말했다.

"예전 구조를 잘 살려놔서 둘러보기 좋아요."

"나도 그렇게 생각한다. 정원 쪽에도 볼게 많단다."

밖으로 나온 동찬이는 정원 곳곳에 흩어져 있는 석탑과 석등, 그리고 기묘하게 생긴 돌에서 눈을 떼지 못했다. 뒤쪽에는 금붕어가 사는 작은 어항도 있었다. 금붕어 숫자를 세던 동찬이는 옆에 있는 계단을 봤다.

"어? 위로 올라갈 수 있나 봐요?"

"일종의 전망대 같은 거지. 올라가 볼래?"

전망대에서 내려다본
박노수 미술관의 모습.

"네!"

기운차게 대답한 동찬이는 조심하라는 노인호 교수의 말을 뒤로 한 채 계단을 올라갔다. 계단 끝에는 작은 전망대가 있었는데 박노수 미술관이 내려다보였다.

"여기서 보니까 집이 얼마나 큰지 알겠어요."

"그래서 높은 곳에서 내려다보는 게 중요할 때가 있지. 그리고 이 집은 조선 총독부에서 일하던 조선인 건축가인 박길룡이 지은 것으로도 유명하단다."

"그런데 서촌에 온 게 이 집 때문인가요 교수님?"

동찬이가 은근 실망한 목소리로 묻자 노인호 교수가 껄껄 웃었다.

"실망한 모양이구나. 걱정마라. 여기도 둘러보긴 하겠지만 진짜 보러 갈 거는 따로 있으니까."

"네."

밖으로 나온 동찬이는 박노수 미술관을 뒤로 하고 다시 골목길을 걸었다. 통인 시장이 있는 사거리까지 나온 노인호 교수는 왼쪽 오르막길로 올라갔다. 그리고 다시 골목길로 들어섰다. 도대체 뭘 보러 가느냐는 말을 하려는 찰나, 노인호 교수가 발걸음을 멈췄다.

"여긴 아무것도 없는데요."

동찬이의 반문에 노인호 교수가 길 옆에 있는 기둥을 바라봤다. 오른편에 있는 건 마치 바닥에 박혀 있는 것처럼 낮았고, 왼쪽에 있는 건 동찬이보다 훨씬 컸다.

"이게 돌기둥들은 뭐예요?"

"벽수산장의 남은 흔적들이지. 여기도 조금 더 남아 있단다."

노인호 교수가 왼쪽 돌기둥이 있는 다세대 주택 사이로 들어갔다. 그리고는 건물들 사이에 숨겨진 것처럼 있는 벽돌 담장을 바라봤다. 담장 끝은 아치형으로 굽어진 흔적이 남아 있는 걸로 봐서는 더 이어진 것을 중간에 끊어 버린 것 같았다.

"이게 옛날 거라는 걸 어떻게 확신해요?"

동찬이의 질문에 노인호 교수가 담장의 아래쪽을 발로 툭툭 찼다.

"기단이 돌로 되어 있는 게 보이지? 옛날 신문에 이거랑 똑같은 담장이 있어서 확인이 가능하단다."

"돌기둥 두 개랑 담장 약간이 전부인가요?"

"아쉽게도 그렇단다. 대신 여기 뭐가 있는지는 보여 줄 수 있지."

노인호 교수는 스마트 폰으로 뭔가를 찾아서 보여 주었다. 오래된 흑백 사진인데 언

● 현재 남아 있는 벽수산장의 흔적들.

덕 위에 서양의 귀족이 사는 커다란 서양식 주택이 있었다. 그것을 본 동찬이의 눈이 휘둥그레졌다.

"우리나라에 있는 집 맞아요?"

"언덕 아래 초가집이랑 기와집들 보이지? 그 뒤로 보이는 커다란 건물이 바로 서촌에 있던 벽수산장이란다."

"맙소사."

"아래 오른쪽에 이층 양옥이 바로 박노수 미술관이고."

"그 집도 작은 편은 아닌데 이거랑 비교해 보니까 진짜 작아 보이네요."

"그러니까 담장이 있는 쪽이 출입구고, 돌기둥이 차량이 들어가는 곳이다. 그리고 벽수산장은 저 담장 안쪽, 그러니까 인왕산 쪽에 있었지."

"어떻게 이렇게 큰 집을 지은 거예요? 거기다 완전 서양식이라 너무 이상해요."

"아까 이 저택의 주인이 윤덕영이라고 했지? 나라를 팔아먹고 받은 돈으로 이 일대의 땅을 2만 평이나 사 들여서 큰 저택을 지은 거란다."

"기와집을 짓지 왜 이렇게 주변과 안 어울리는 서양식 주택을 지었는지 모르겠어요."

"일종의 부를 자랑하는 방식이었던 것 같다. 프랑스에서 설계도를 들여와서 시공했는데 무려 10년이 넘게 걸렸다고 하는구나."

● 벽수산장의 과거 모습.

"왜 그렇게 오래 걸린 거예요?"

"우리나라에서 짓던 집이 아니라 여러모로 어려웠던 거지."

"초가집이나 기와집은 둘째치고 박노수 미술관이랑도 안 어울려요."

"그래서 사람들이 이 집을 뾰족집이라고 불렀단다."

노인호 교수의 설명을 들은 동찬이가 사진을 들여다보면서 대답했다.

"그렇게 불릴 만하네요."

"당시 서양식 주택이나 건물이 없었던 것은 아니지만 벽수산장은 유독 지붕이 뾰족했고, 옆에 첨탑까지 있어서 유달리 날카로워 보였지."

"너무 낯설어 보여요."

"다음 사진은 당시 벽수산장 전체의 조감도란다."

"우아! 엄청난 크기네요."

"아까 마을버스 종점에서 조금 내려오다가 교회 하나 봤지?"

"네."

"그 교회 근처가 여기 정원 끝의 연못 근처라고 보고 있다. 얼마나 넓은지 알겠지?"

"벽수산장 뒤에 또 한옥을 지었네요?"

"당시 부자나 권력가들은 서양식 주택을 짓는 게 일종의 유행이었단다. 하지만 평생 온돌에서 지낸 탓에 벽난로와 침대에 적응을 못했대. 그래서 서양식 주택을 짓고 뒤편에 한옥을 따로 지어서 지내곤 했다."

노인호 교수의 얘기를 들은 동찬이는 어이가 없어졌다.

"기껏 지어 놓고 한옥을 따로 짓고 살았다고요?"

"평생 한옥에 살면서 온돌을 쓰던 사람이 벽난로와 침대 생활은 낯설 수밖에 없지. 저 위쪽으로 가면 아직 그 한옥의 흔적이 남아 있단다. 하지만 벽수산장의 의미를 알기에는 이 돌기둥들과 무너진 담장들이 더 잘 어울리지."
분개한 표정의 동찬이가 주먹을 불끈 쥐고 말했다.
"나라를 팔아먹고 받은 돈으로 이렇게 큰 집을 지었다니 너무 화가 나요."
"우리는 이완용 정도만 친일파로 기억하지만 사실 엄청나게 많은 친일파들이 이 땅을 일본에 넘기고 귀족 작위와 보상금을 받았단다."
"어떻게 그런 생각을 했는지 모르겠어요."
"잘못된 것을 기억하는 것은 반드시 필요한 일이다. 비록 윤덕영이 오래 전에 죽었고, 남은 것은 돌기둥 몇 개뿐이라고 해도 말이다."
"그런데 어쩌다가 그 큰 저택이 다 없어지고 돌기둥에 담장만 조금 남은 건가요?"
"윤덕영이 죽은 이후에 일본 회사로 저택의 소유권이 넘어갔단다. 그리고 광복 후에는 덕수 병원이 들어왔고, 한국 전쟁 후에는 국제연합 한국통일부흥위원회가 들어왔단다."
"뭐하는 곳인데요?"
"한국 전쟁 기간 중에 설립된 유엔 기구로 큰 피해를 입은 대한민국의 재건을 도와주는 목적을 가지고 있었단다."
"국제연합 한국통일…… 이름이 되게 기네요."
"그래서 영문을 줄여서 약자로 언커크(UNCOK)라고 불려. 그 기관의 사무실로 쓰이다가 1966년에 화재가 나면서 저택이 크게 망가졌단다. 그리고 몇 년 뒤에 도로 확장 공사를 하면서 없애 버렸지. 그리고 그 자리에는 집들이 들어서서 오늘날에 이르고 있단다."
"아쉽네요."
노인호 교수가 아쉬워하는 동찬이의 말에 맞장구를 쳤다.

"남아 있었다면 친일파 박물관으로 만들기 딱 좋았는데 말이다."

"그래도 전 끝까지 기억할게요."

힘 있게 다짐하는 동찬이의 말에 노인호 교수가 대견하다는 듯 머리를 쓰다듬었다.

용어 설명

겸재 정선 조선 후기를 대표하는 화가입니다. 기존의 전통적인 화법과는 다른 독창적인 화법으로 아름다운 그림들을 많이 남겼습니다.

인왕제색도 인왕산의 풍광을 그린 겸재 정선의 작품입니다. 국보 216호로 지정되어 있으며 인왕산의 모습을 몽환적으로 묘사한 대단히 아름다운 작품입니다.

헤이그 밀사 사건 1907년 네덜란드의 헤이그에서 열리는 만국평화회의에 고종이 이상설과 이준, 이위종을 밀사로 보내서 일본의 침략을 규탄하도록 했습니다. 이 사건으로 인해 고종은 강제로 퇴위당하고 맙니다.

헤이그 밀사 파견에 관한 내용은 미래엔 역사 교과서 2편 37쪽 자료 톡톡 코너에 소개되어 있어요.

● 노인호 교수의 알림장

한양의 역사를 품은 성벽

도성을 한 바퀴 도는 순성 놀이를 하는 사람들. (구민재 제공)

서촌을 품은 인왕산은 한양 도성이 지나가는 코스이기도 합니다. 한양 도성은 태조 5년인 1396년에 지어졌고, 조선 시대 내내 여러 차례 고쳐서 쌓았습니다. 한양도성은 북악산과 인왕산, 남산과 낙산을 따라 약 19킬로미터의 길이로 이어집니다. 출입을 위해 4대문인 흥인지문, 숭례문, 돈의문, 숙정문이 있고, 4소문인 혜화문, 소의문, 광희문, 창의문이 있습니다. 조선 시대에는 화창한 봄날에 한양 도성을 한 바퀴 도는 순성 놀이가 유행했습니다. 처음에는 과거를 보러 한양에 올라온 선비들의 합격을 기원하기 위해 돌았던 풍습인데 한양 사람들에게도 전해진 것입니다. 마음에 맞는 사람들끼리 짝을 지어서 하루 종일 웃고 떠들면서 걸었다고 하네요.
이런 아름다운 풍습은 한말과 일제 강점기에 접어들면서 사라지고 맙니다. 새로운 문물이 들어오면서 도성과 성문이 허물어졌던 것입니다. 먼저 한양 안팎으로 전차가 다니기 시작하면서 성문과 성벽이 거추장스러워집니다. 1907년에는 일본 왕세자의 방문을 위해 길을 넓힌다는 명목으로 숭례문과 주변의 성벽이 헐립니다. 다음 해에는 평지에 있는 성벽이 거의 대부분 사라지고 말지요. 성문은 차례대로 허물어졌고, 심지어는 헐값에 건축 재료로 팔려 나가기도 합니다.
1925년 일본은 남산에 조선 신궁을 짓기로 합니다. 이때 필요한 석재의 상당수를 성벽에서 가져다 쓰게 됩니다. 같은 해 동대문 근처에 지어진 경성 운동장에도 한양 성벽의 돌을 이용합니다. 설상가상으로 1968년, 북한이 보낸 특수 부대가 청와대 인근의 창의문 근처까지 진입해서 총격전이 벌어지는 1·21사태가 일어나면서 인왕산 일부는 출입이 금지됩니다. 한양 성벽이 다시 부활한 것은 2000년대 이후입니다. 복원 작업을 끝내고 도로나 건물이 들어서서 복원이 불가능한 곳은 표지판이나 바닥에 동판을 설치하는 방식으로 성벽이 지나갔다는 사실을 표시했습니다. 일부 구간의 출입 금지도 해제되면서 최근에는 봄과 가을에 많은 등산객들이 한양 성벽을 따라서 도는 순성 놀이에 나서고 있습니다.

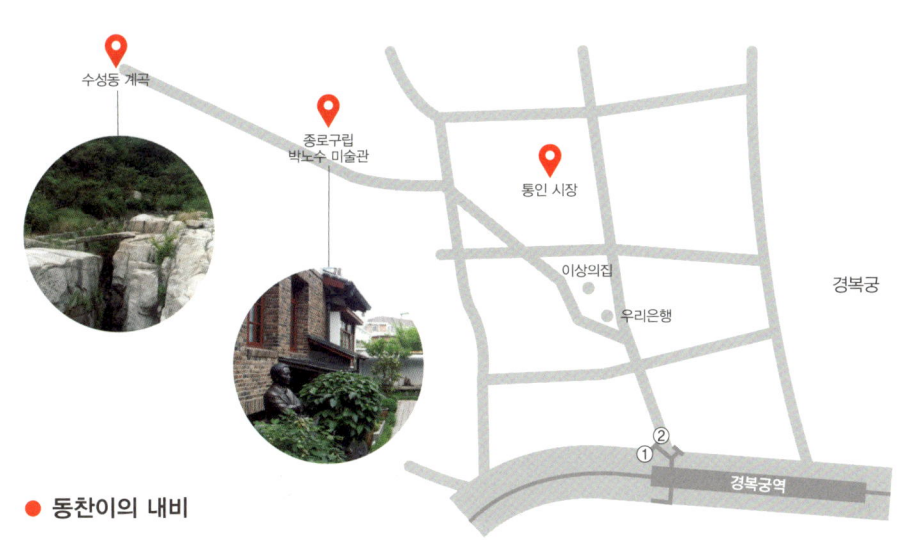

● 동찬이의 내비

◑ 서촌과 가까운 전철역은 3호선 경복궁역입니다. 2번 출구로 나와서 금천시장을 지나 쭉 직진하면 왼쪽에 우리은행 효자동 지점이 나와요. 그 옆 골목으로 들어가면 됩니다. 표지판에 자하문로 7길이라고 되어 있는 곳이에요. 여기에는 시인 이상이 한때 머물렀던 곳을 전시 공간과 쉼터로 꾸민 이상의 집이 있고요. 옆전으로 도시락을 먹을 수 있는 통인 시장, 오래된 헌책방이었다가 지금은 카페로 변한 대오서점, 박노수 미술관과 시인 윤동주가 한때 하숙을 했던 곳도 볼 수 있어요. 벽수산장의 돌기둥과 담장을 보려면 통인 시장 입구에 있는 사거리에서 효자 베이커리 쪽으로 올라가야 해요. 올라가다가 나오는 첫 번째 사거리에서 왼쪽 골목으로 들어갔다가 다시 첫 번째로 나오는 오른편 골목으로 들어가면 바로 길가 옆에 있는 돌기둥과 왼쪽 빌라 주차장 옆에 있는 담장을 볼 수 있어요. 가장 편하게 갈 수 있는 방법은 서울 시청 뒤편 프레스 센터 앞에서 09번 마을버스를 타는 거예요. 수성동 계곡 근처에 있는 종점까지 타고 와서 거기서부터 아래로 내려가도 됩니다.

덕수궁
대한제국 역사관

이게 덕수궁 안에 있다고요?

시간 맞춰서 덕수궁 대한문 앞에 도착한 동찬이는 수문장 교대식을 구경했다. 외국어 해설이 전해진 덕분에 외국인 관광객도 내용을 잘 이해했다. 교대식이 끝나고 사진 촬영 시간이 되자 관광객들이 우르르 몰려가서 수문장과 병사들 옆에 서서 사진을 찍었다. 입장권을 산 노인호 교수와 함께 안으로 들어가자 궁궐의 전각들이 보였다. 노인호 교수는 왼쪽으로 걸어서 연못을 지나 야트막한 오르막길을 올랐다. 따라가던 동찬이는 계단 너머 소나무 사이로 보이는 신기한 건물을 보고는 소리쳤다.
"우아! 저 건물 신기하게 생겼네요."
동찬이의 말에 노인호 교수가 입을 열었다.
"저긴 정관헌이라는 곳이다."

고종이 이곳에서 커피를 마셨다고요?

옆에서 바라본 정관헌의 모습.

"뭐하는 곳인데요?"

"임금들의 초상화인 어진을 보관하는 곳이란다. 그리고 고종 황제가 커피를 마시던 곳이지."

계단을 깡충거리면서 올라간 동찬이는 건물 앞에 서서 노인호 교수에게 말했다.

"지붕 색깔도 이상하고 기둥은 너무 얇아요. 거기다 벽돌도 여러 가지 색깔이 섞여 있네요."

"1900년에 러시아 건축 기사인 사바틴의 설계로 지은 건데 여러 가지 건축 양식과 재료들이 섞여서 좀 독특한 모습을 하고 있단다."

계단을 올라간 동찬이가 안에 있는 탁자와 의자들을 쳐다봤다.

정관헌에서 바라본 덕수궁의 전각들.

"여기서 고종이 커피를 마신 건가요?"

"응. 커피를 아주 좋아해서 자주 마셨다는구나."

"그럼 카페 같은 곳이네요."

"그런 셈이지. 왜 여기에 정관헌을 지었는지 아니?"

"아뇨."

노인호 교수는 고개를 저은 동찬이에게 덕수궁의 전경을 가르켰다.

"여기가 지대가 좀 높아서 내려다볼 수 있단다. 카페도 바깥 풍경을 내려다볼 수 있는 창가 쪽 자리가 인기가 많듯 여기도 그런 셈이지. 정관헌의 정관(靜觀)은 고요하게 내려다본다는 뜻이야."

정관헌을 둘러보고 나온 동찬이는 노인호 교수의 질문을 받았다.

"대한제국에 대해서 좀 알고 있니?"

"대한제국이요?"

고개를 갸우뚱거리던 동찬이가 대답했다.

"잘 모르겠어요. 그냥 고종이 마지막에 황제국을 선포하고 황제의 자리에 올랐다 정도만 알아요."

동찬이의 대답을 들은 노인호 교수는 고개를 끄덕거렸다.

"사실 대한제국은 1897년부터 1910년까지 존재했어. 기간은 굉장히 짧았지."

"덕수궁이 대한제국과 관련이 있나요?"

"마침 다음에 볼 곳이 대한제국과 깊은 연관이 있으니까 가면서 얘기하자."

노인호 교수가 석어당 쪽으로 걸어가면서 차분하게 설명을 시작했다.

"우리가 한말이라고 부르는 시기는 그야말로 격변기였단다. 개항을 하긴 했지만 외세에 의해 반 강제적으로 했기 때문에 준비가 부족했고, 설상가상으로 일본이 우리 땅을 식민지로 삼겠다는 욕심을 거두지 않았지."

"그때 일본이 나쁜 짓을 많이 했다고 들었어요."

"일본은 1894년에서 1895년까지 청나라와 청일 전쟁을 벌여서 승리했지. 그 이후에 조선을 집어삼키려고 했다가 러시아의 간섭으로 실패하고 말았단다. 이때 고종의 부인인 명성 황후*가 걸림돌이 된다고 판단하고는 궁궐에 침입해서 죽이는 일이 벌어졌지."

"시신도 불태워 버렸다고 들었어요."

"그 일로 고종은 궁궐에 유폐된 채 인질 아닌 인질 생활을 해야만 했단다. 그러다가 1896년, 몰래 궁궐 밖으로 탈출해서 러시아 공사관으로 향했지."

"황제가 외국 공사관으로 피난을 떠난 건가요?"

동찬이의 물음에 노인호 교수가 고개를 끄덕거렸다.

"고종이 할 수 있는 최선의 방법이었지. 당시 러시아를 아라사라고 불렀거든. 아라사 공관으로 임금이 피난을 갔다는 뜻으로 아관파천*이라고 부른단다."

"교과서에서 본 거 같아요."

"한 나라의 군주가 다른 나라 공사관으로 몸을 피했다는 사실은 변명의 여지가 없지만 어쨌든 아관파천을 감행한 덕분에 일본 세력들은 물러나야만 했단다. 그러면서 고종은 한숨을 돌릴 수 있었지."

"하지만 황제가 언제까지 남의 나라 공사관에 머물 수는 없잖아요."

"그렇지. 그래서 궁궐로 돌아올 준비를 했어. 하지만 경복궁 대신 덕수궁, 예전에는 경운궁이라고 불렀던 곳으로 돌아간단다."

노인호 교수의 말에 동찬이는 제자리에 서서 빙 둘러봤다.

"여기보다 경복궁이 더 크고 좋지 않아요?"

"이 주변에 외국 공사관들이 많고 외국인 선교사들이 운영하는 교회와 학교들이 많이 있기 때문이지. 나라를 부강하게 만들려면 그들의 도움이 필요했던 데다가 일본이 또 언제 궁궐에 침입할지 모르는 상황이라 주변에 외국 공사관이 있어야만 했단다."

"참 안타까운 상황이었네요."

"그런 상황을 벗어나서 새롭게 출발하기 위해서 제국을 선포했다고 하는구나."

두 사람의 대화는 석어당 앞에서 아이들이 재잘거리는 소리 때문에 잠시 멈췄다. 까르르거리며 뛰어다니는 아이들을 바라보던 노인호 교수가 동찬이에게 말했다.

"혹시 광무개혁이라는 얘기 들어 본 적 있니?"

"아뇨. 그게 뭐예요?"

"광무는 대한제국의 연호란다. 광무개혁은 고종이 대한제국을 선포하고 추진한 일련의 개혁 정책을 말하는 거다."

"어떤 것들을 개혁하려고 했는데요?"

"일단 왕권을 안정시키고 국방을 튼튼히 하려고 했지. 그리고 각종 산업을 육성하고, 은행도 세웠단다. 하지만 러일전쟁에서 승리한 일본이 을사늑약을 강제로 체결하면서 개혁은 실패로 돌아갔지."

"아쉽네요."

"문제점이 몇 가지 있기는 했지만 우리가 스스로 변화하려고 노력했고, 시도를 했다는 것을 눈여겨봐야지. 그리고 왜 일본이 집요하게 방해했는지도 생각해 보고 말이다."

"그럼 오늘 볼 것은 광무개혁과 연관이 있는 건가요?"

동찬이의 물음에 노인호 교수가 가볍게 고개를 끄덕거렸다.

"그렇다고 볼 수 있지."

중화전 뒤쪽을 지나간 두 사람은 커다란 정원과 만났다. 움푹 들어간 가운데에 분수대가 있는 작은 연못이 보였다. 분수대 대각선으로는 그리스 신전을 닮은 서양식 건축물 두 개가 서 있었다. 그걸 지그시 바라보던 노인호 교수가 옆에 있는 동찬이에게 말했다.

"한옥 바로 옆에 저런 서양식 건물이 있다는 게 신기하지 않니?"

"안 어울리는 것 같기도 하지만 뭔가 이유가 있겠죠?"

"서구 문물을 어떻게 받아들여야 할지 고민하던 시기가 있었다는 뜻이지. 저쪽에 지붕이 뾰족한 것이 돌로 지은 전각이라는 뜻의 석조전이고 이쪽에 지붕이 평평한 것은 덕수궁 미술관이란다."

"두 개가 비슷하게 생겼네요."

"시기는 차이가 많이 나. 저쪽에 지붕이 있는 석조전은 1910년에 완공되었고, 그 옆에 있는 석조전 서관은 덕수궁 미술관으로 불려. 1938년에 지어졌고, 지금은 국립현대미술관 덕수궁관으로 쓰이고 있어."

"석조전 쪽이 좀 더 신경 써서 지은 거 같아요."

두 개의 건물을 번갈아 바라보던 동찬이의 말에 노인호 교수가 대답했다.

"석조전은 고종과 왕실 가족들이 머물려고 만든 곳이고 덕수궁 미술관은 글자 그대로 미술품을 전시하기 위해 지어진 곳이라 그렇단다."

"그렇군요. 그럼 우린 어딜 둘러보는 건가요?"

"석조전을 둘러볼 생각이다. 따라오너라."

동찬이는 노인호 교수를 따라 석조전으로 향했다. 그러다가 계단 위의 기둥이 받치고 있는 삼각형 안에 커다란 꽃이 새겨진 걸 보았다.

"저건 무궁화인가요?"

"아니, 오얏꽃이다. 대한제국 황실을 상징하는 꽃이지."

"그래서 저기에 커다랗게 새겨 놨군요."

"순종이 머물던 창덕궁의 정전인 인정전의 용마루*에도 오얏꽃 장식이 붙어 있단다."

설명을 들은 동찬이는 그리스 신전 같은 기둥 사이를 지나 나무로 만든 현관문을 열고

저 위에 새겨진 건 무슨 꽃인가요?

석조전을 앞에서 바라본 모습.
그리스 신전을 닮았다.
지붕의 삼각형 박공 안에 황실을
상징하는 오얏꽃이 새겨져 있다.

들어갔다. 현관 안쪽 오른편의 데스크에 앉아 있던 직원이 노인호 교수에게 물었다.

"신청하셨습니까?"

"네. 노인호입니다."

명단을 확인한 데스크의 직원이 대답했다.

"동행 포함 두 명이시죠? 신발 갈아 신고 안에서 잠깐 기다려 주세요."

동찬이는 노인호 교수를 따라 슬리퍼로 갈아 신고 들어갔다가 입을 다물지 못했다. 벽과 기둥은 온통 하얀색인데 곳곳에 반짝반짝 빛나는 황금색으로 치장이 되어 있었

중앙홀 전경. 서양의 궁궐이나 귀족의 저택 같은 모습이다.

석조전 중앙홀의 벽난로. 금박 장식이 입혀져서 화려하기 그지없다.

안을 엄청 화려하게 장식했네요.

기 때문이다.

가운데가 뻥 뚫린 구조라 2층도 잘 보였는데 그곳도 온통 황금색으로 물들어 있었다. 특히 홀 옆의 대리석 벽난로가 눈에 띄었는데 주변에 온갖 화려한 황금 장식과 거울 때문이었다. 중앙홀 안쪽에도 커다란 방이 있었는데 네 개의 기둥 사이에 붉은색 카펫이 깔려 있고, 그 위에 고풍스러운 가구들이 배치되었다. 특히 천장의 화려한 샹들리에가 동찬이의 눈에 들어왔다.

"와! 여긴 덕수궁이 아니라 외국 궁전 같아요."

"18세기 서양 궁전의 건축 양식을 참고해 만들어서 그렇단다."

"안이 이렇게 되어 있을 줄 몰랐어요."

"오랫동안 중앙박물관으로 쓰였다가 나중에 고궁박물관으로 사용되었단다. 그 뒤에 지금처럼 복원된 것은 2014년이니까 그렇게 오래되진 않았지."

설명을 들으면서 이리저리 살펴보던 동찬이는 한쪽에 놓인 테이블과 의자를 발견했다. 보통 테이블이 아니라 위쪽은 매끈한 대리석이고, 다리는 모두 금박이 입혀져 있었다. 검은색과 붉은색 가죽으로 된 의자들도 화려해 보였다.

"여기 테이블이랑 의자도 있네요?"

"여기 있다가 창덕궁 희정당으로 옮겨졌던 걸 도로 가져온 거다."

"원래 여기 있던 건 어떻게 알았는데요?"

"1911년에 일본에 유학 중인 영친왕이 어머니인 엄귀비의 장례를 치르기 위해 귀국

중앙홀에 있는 테이블과 의자. 창덕궁의 희정당으로 옮겨졌다가 다시 돌아왔다.

대리석으로 된 테이블도 있어요.

했을 때 이곳에서 사진을 찍은 적이 있었지. 그 사진 속에 이 테이블이 나온단다. 옆에 안내판에 사진이 붙어 있을 거야."

노인호 교수의 얘기를 듣고 테이블 옆쪽의 안내판을 본 동찬이가 고개를 끄덕거렸다.

"정말 사진 속에 테이블이 보여요. 뒤쪽 거울이랑 옆에 항아리가 있는 것도 그대로예요."

"사진 자료를 가지고 똑같이 복원한 거란다. 가운데 어린 소년이 바로 영친왕이다."

"영친왕이 누군데요?"

석조전 1층 대기실의 모습. 서양풍 테이블과 의자, 장식장등이 보인다. 방식에는 역시 황실의 상징인 오얏꽃이 수놓아져 있다.

"고종의 일곱 번째 아들로 형인 순종이 1907년에 황제가 되자 황태자의 자리에 올랐지. 이후 일본으로 강제로 유학을 떠나고 일본 여성과 결혼해 살았단다."

노인호 교수와 동찬이가 이런저런 얘기를 나누는 사이 예약한 관람객들이 모두 도착했다. 곧 해설사의 안내가 시작되었다. 먼저 석조전의 역사에 대해 간략하게 설명을 했다. 1층은 대기실과 접견실, 식당 같은 공적인 공간으로 사용했고, 2층은 황제와 황후의 침실과 서재가 있다고 설명하고는 오른쪽에 있는 대기실부터 안내를 시작했다.

역시 대리석으로 만든 벽난로와 금으로 테두리를 두른 거울들이 보였고, 벽 위쪽으로는 저울 모양의 금박 무늬가 빙 둘러져 있었다. 소파 쿠션에도 오얏꽃 무늬가 새겨져 있었다. 동찬이는 그 화려함에 눈을 떼지 못했다. 석조전 모형 뒤편 창가에 있는 자주색 커튼에도 오얏꽃을 비롯한 무늬가 새겨져 있었다. 복도 벽면도 대리석으로 되어 있었는데 특히 2층으로 올라가는 부분은 우아한 곡선으로 이루어졌다. 계단의 난간도 화려하기

여기저기 금박 장식이 눈에 띄어요.

2층으로 올라가는 계단은 대리석에 금박을 입혔다. 곡선으로 처리해서 부드러운 느낌을 더해 준다.

2층에 있는 황제의 침실과 서재의 모습.
황제의 상징인 노란색으로 장식되어 있다.

그지없었는데 손잡이는 황금색 염소머리로 되어 있었다. 앞장선 해설사가 난간은 만져도 된다고 하자 다들 약속이나 한 듯 난간을 만졌다.

2층에는 대한제국과 고종에 관한 안내문이 곳곳에 있었다. 특히 외국인이 고종을 만날 때 어떤 절차와 예절을 지켰는지 보여 주는 동영상이 있었는데 세 번 인사를 하고 나아갔다가 물러날 때도 뒷걸음질로 물러나야 했던 것을 힘들어 했다는 내용이 나오자 다들 낄낄거렸다. 일행을 따라가던 동찬이가 노인호 교수에게 물었다.

"그런데 이건 언제 지어지고 완공된 거예요?"

"처음 설계가 된 것은 1898년이었단다. 당시 대한제국의 세관에서 일하던 영국인 브라운이 계획을 세웠고, 역시 같은 영국인인 하딩이 설계를 했지. 건설 역시 영국인

황후의 침실과 서재의 모습.
자주색으로 치장되어 있으며 황제의 거처와 마주 보는 형태로 만들어졌다.

들이 맡았고, 내부에 있는 가구들은 영국의 메이플 사에서 주문했다고 하는구나."

"정말 화려해요."

"그만큼 짓기도 힘들었고, 우여곡절도 많았단다. 기초 공사까지 완료했다가 1902년에 공사가 중단되기도 했지. 그리고 다음 해 공사가 재개되어서 1910년에 완공되었단다."

"1910년이면 대한제국이 망했을 때 아니에요?"

"고종은 이미 퇴위한 상태였지. 그래서 정작 이곳을 쓰지는 않았단다."

"기껏 지어 놨는데 쓰지도 못한 셈이네요."

"마지막 황태자인 영친왕이 일본에서 귀국했을 때 숙소로 몇 번 쓴 게 전부였단다."

석조전에 대한 이야기를 들은 동찬이는 어이가 없었다. 그러는 사이 해설사는 노란색으로 장식된 황제의 침실과 자주색으로 물들인 황후의 침실을 차례대로 보여 줬다. 2층의 침실과 서재를 둘러본 관람객 일행은 베란다로 나갔다. 함께 밖으로 나온 동찬이는 기둥 사이로 보이는 분수대의 풍경에 넋을 잃었다.

"와! 진짜 멋지다!"

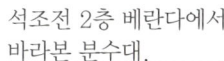
석조전 2층 베란다에서 바라본 분수대.

우아, 궁궐 안에 분수대가 있다니!

1층 대접견실의 모습.
벽에 오얏꽃 장식이 새겨져 있다.

석조전 1층 대식당의 모습.

동찬이의 감탄사에 뒤따라 나온 노인호 교수가 씩 웃었다.

"가까이서 볼 때랑 여기서 볼 때랑 많이 다르지?"

"네."

"그래서 역사를 바라볼 때 어떤 시선을 가지느냐가 중요하단다. 함부로 판단하려고 했다가는 역사를 제대로 볼 수가 없으니까 말이다."

바깥 풍경을 구경한 관람객 일행은 다시 1층으로 내려와서 접견실과 대식당을 둘러보았다. 접견실의 벽에는 황실을 상징하는 오얏꽃이 커다랗게 금박으로 박혀 있었다. 서양식 식기와 잔이 놓인 대식당의 테이블은 꽃으로 장식되어 있었고, 꽃 모양의 샹들리에가 뿜어내는 빛을 받았다. 대식당 한쪽에는 건립 당시 쌓았던 벽돌과 새끼줄에 쌓인 배관을 볼 수 있었다. 대식당을 끝으로 관람이 끝났다.

맨 처음 모인 홀로 돌아온 동찬이는 다시 신발로 갈아 신으면서 노인호 교수에게 물었다.

"그럼 이 석조전은 어떤 용도로 쓰이나요?"

"1930년대에 일본은 석조전 서관을 덕수궁 미술관으로 만들었단다. 그리고 이후에는 이왕가 미술관으로 쓰였지. 석조전은 광복 후에는 한국의 문제를 논의하기 위해 미국과 소련이 설치한 미소 공동위원회의 회의실로 사용되기도 했단다. 그 뒤에는 아까 얘기한대로 박물관으로 사용되었다가 복원 공사를 거쳐서 대한제국 역사관으로 만든 거란다."

"황제를 위해 만들었지만 정작 그 용도로는 사용되지 못했네요."

현관문을 열고 나온 동찬이의 물음에 노인호 교수가 대답했다.

"아마 대한제국을 세우고 새롭게 거듭난다는 것을 대내외에 알리고 싶었을 거다. 하지만 일본에 의해 그 꿈이 사라지고 석조전도 다른 용도로 사용되면서 훼손되고 말았지. 그러다가 백 년이나 지난 다음에야 겨우 제자리를 찾아갔단다."

"마치 우리 역사 같네요."

동찬이의 말에 노인호 교수가 계단을 내려가면서 대답했다.

"지나간 역사는 바뀌지 않는단다. 하지만 뒤틀리고 잘못된 역사라고 외면해서는 더욱 더 바뀌지 않는 법이지. 오늘 이곳을 보여 준 것도 그 이유 때문이다."

"역사가 어둡다고 외면해서는 안 된다는 말씀이시죠?"

동찬이의 얘기를 들은 노인호 교수는 가만히 어깨를 다독거렸다.

"그게 우리들이 역사 탐험을 했던 진짜 이유란다."

"잊지 않을게요."

힘주어 대답한 동찬이가 계단에 서서 분수대를 바라봤다.

용어 설명

명성 황후 고종의 부인으로 여흥 민씨 집안 출신입니다. 고종과 함께 한말의 여러 정치적 사건들을 헤쳐나간 인물이에요. 명성 황후는 일본의 간섭을 막기 위해 러시아와 손을 잡으려고 합니다. 1895년, 그녀를 눈엣가시처럼 여기던 일본의 낭인들이 경복궁을 침입해서 살해하고 시체를 불태워 버리는 을미사변을 일으킵니다. 죽은 뒤에 고종이 대한제국을 선포하면서 황후로 추증됩니다.

아관파천 을미사변 이후 경복궁에 유폐되어 있던 고종은 1896년 2월, 몰래 가마를 타고 궁궐을 빠져나와 러시아 공사관으로 도피합니다. 당시 러시아를 아라사라고 불렀기 때문에 아관파천이라고 부르게 됩니다. 아관파천으로 인해 청일전쟁에서 승리했던 일본의 기세가 꺾였고, 고종은 1년 뒤 경운궁(덕수궁)으로 돌아가서 대한제국을 선포합니다.

용마루 한옥의 지붕 가운데를 지나는 마루선을 뜻합니다.

고종이 세운 대한제국과 광무개혁에 관한 내용은 미래엔 중학교 역사 교과서 2편 29쪽과 30쪽에 걸쳐서 자세하게 소개되어 있습니다.

● 석조전 내부를 장식한 다양한 장식품들.

● 노인호 교수의 알림장

일본이 훼손시킨 우리 궁궐

일제 강점기에 접어들면서 조선의 궁궐들은 엄청난 수난을 겪게 됩니다. 정궁이자 법궁인 경복궁에서는 각종 박람회를 개최한다는 명목으로 전각들을 훼손합니다. 그리고 1926년에는 경복궁 앞에 조선 총독부 청사를 지어 놓고 광화문의 위치까지 바꿔 버리는 만행을 저지릅니다. 처음에는 아예 없애려고 하다가 여론이 안 좋아지자 부랴부랴 위치를 바꾼 것입니다. 현재의 청와대 자리 역시 경복궁의 일부였는데 총독부 관저를 지어 버립니다. 경복궁의 복원은 1990년대부터 시작되어서 현재까지 진행 중입니다. 경복궁만큼이나 조선의 임금들이 오래 거주했던 창덕궁과 창경궁 역시 일본에 의해 심각한 상처를 입습니다. 창덕궁은 1910년 일본이 조선을 강제로 병합한 후에 순종의 거처로 이용됩니다. 일본은 순종을 감시하기 위해 금호문과 주변의 담장을 허물고 경찰서를 세웁니다. 정전인 인정전은 일본인 건축가들이 멋대로 손을 대서 크게 망가집니다. 옥좌를 치우고 의자를 가져다 놓고, 서양식 가구들을 들여놔 버립니다. 인정전 앞의 박석과 품계석도 치우고 흙으로 정원을 만들어서 인정전이 국가의 중대사를 논하던 공간이라는 사실을 지워 버리려고 했습니다. 창덕궁과 붙어 있던 창경궁은 더 심한 모욕과 훼손을 겪습니다. 창경궁의 정전인 명정전의 박석과 품계

1929년 발행한 창경궁 동물원 사진 엽서. (공공누리 제공)

석을 모두 치우고 일본식 정원을 조성하고 연회를 즐겼다고 합니다. 창경궁 안에 일본식 정원과 건물을 짓고 동식물들을 들여와서 식물원과 동물원을 만듭니다. 이름도 아예 창경원으로 바꾸는데 일본의 상징인 벚꽃을 심어 놓고 벚꽃 놀이까지 즐깁니다. 창경궁과 연결된 종묘는 일본이 1926년

만들어 놓은 도로에 의해 단절되고 맙니다. 직선 도로를 놓고 싶어 했던 일본은 순종의 반대에도 불구하고 공사를 추진했으며, 순종의 죽음 이후 일사천리로 공사를 진행해서 도로를 개통합니다. 광복 후에는 율곡로라는 이름으로 남은 도로는 최근 지하도로로 변경하는 공사를 진행 중입니다. 고종이 대한제국을 선포한 경운궁은 덕수궁으로 이름이 변경된 채 지속적으로 훼손됩니다. 원래는 시청 광장에 자리 잡고 있던 대한문을 1912년, 도로 공사를 이유로 밀어 내는 것을 시작으로 선원전을 비롯한 여러 전각들이 사라지고 공간도 많이 축소됩니다. 원래는 덕수궁 안에 있던 중명전이 지금은 따로 떨어진 건물이 된 것도 바로 이때 벌어진 일이죠. 이렇듯 조선의 궁궐들은 일제 강점기 내내 지속적으로 훼손되고 파괴되어 갑니다. 그것은 조선을 상징하는 궁궐을 훼손시킴으로서 민족성을 말살하려고 했기 때문입니다.

● 동찬이의 내비

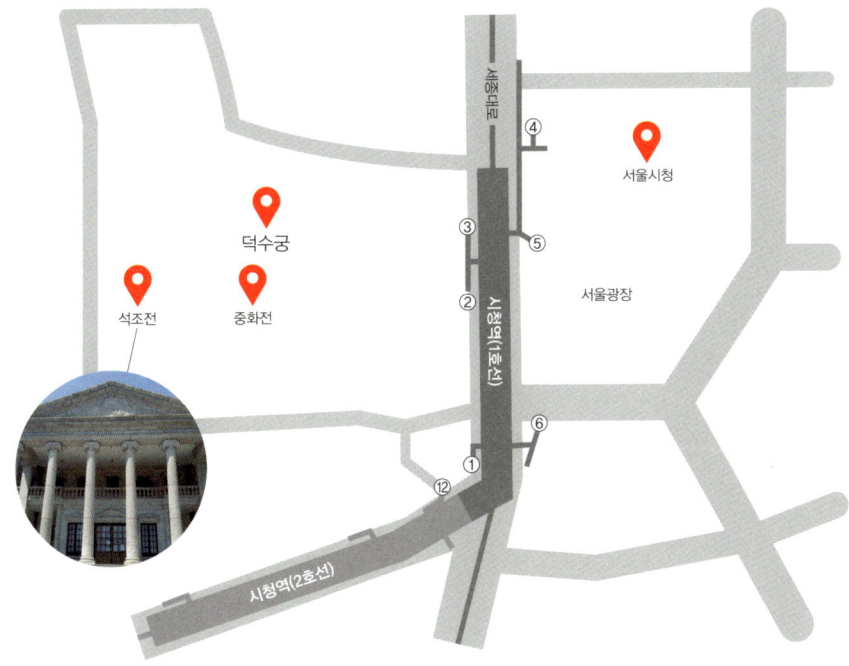

◐ 석조전 대한제국 역사관으로 오려면 지하철 1, 2호선 시청역에서 내리면 됩니다. 덕수궁 대한문에서 수문장 교대식을 하니까 시간 맞춰서 오면 재미있는 구경을 할 수 있어요. 석조전은 중화전 너머에 있습니다. 그냥은 관람이 안 되고 인터넷으로 미리 예약을 하고 해설사의 안내를 받아야만 돌아볼 수 있어요. 덕수궁 홈페이지(www.deoksugung.go.kr)로 들어가서 예약 신청 코너에 석조전 대한제국 역사관으로 들어가면 돼요. 좀 더 상세하게 설명해 주는 특별 관람을 포함해서 하루에 모두 11번 입장할 수 있답니다. 한 번에 들어갈 수 있는 인원이 15~20명이라서 조용하게 돌아볼 수 있다는 장점이 있습니다. 하지만 들어갈 수 있는 인원이 적기 때문에 미리미리 예약하는 게 좋아요. 1, 2층은 예약을 해야만 들어갈 수 있지만 지하에 있는 전시관은 그냥 돌아볼 수 있어요. 이곳에는 석조전을 복원하던 당시에 찾아낸 벽돌과 건립 과정에 관한 것들을 관람할 수 있답니다. 그리고 박물관 시절 수장고로 쓰느라 달아 놨던 금고문이 인상적이에요. 석조전 대한제국 역사관을 돌아보고 덕수궁도 한 바퀴 둘러보세요. 그리고 시간이 남으면 바로 옆에 있는 성공회 서울 주교좌 성당도 가 보세요. 마치 외국에 온 기분이 들 겁니다.

노란돼지 교양학교
역사 탐험대, 일제의 흔적을 찾아라!

초판 1쇄 2019년 9월 26일 | 초판 4쇄 2021년 6월 7일
글 정명섭 | 펴낸이 황정임 | 펴낸곳 도서출판 노란돼지
경기도 파주시 (파주출판문화정보산업단지) 문발로 115, 307 (우)10881 | 전화 (031)942-5379 | 팩스 (031)942-5378
등록번호 제406-2009-000091호 | 등록일자 2009년 11월 30일
편집장 김성은 | 마케팅 이주은, 이수빈 | 경영지원 손향숙 | 디자인 이재민

도서출판 노란돼지(초록서재)는 독자 여러분의 의견을 기다립니다.   yellowpig.co.kr 인스타그램_@yellowpig_pub
ISBN 979-11-5995-069-8 73910 ⓒ 정명섭, 2019
이 책의 그림과 글의 일부 또는 전부를 재사용하려면 반드시 저작권자와 노란돼지(초록서재)의 동의를 얻어야 합니다.
값은 표지 뒷면에 있습니다.

제조국 대한민국 | **사용연령** 10세 이상
주의사항 종이에 베이거나 긁히지 않도록 조심하세요. 책 모서리가 날카로우니 던지거나 떨어뜨리지 마세요.

* 저작권이 확인되지 않은 일부 사진은 추후 적절한 절차를 밟아 허가받겠습니다.